LAS PALMAS DE GRAN CANARIA.
NUESTRO PUERTO,
NUESTRA CIUDAD

LAS PALMAS DE GRAN CANARIA. NUESTRO PUERTO, NUESTRA CIUDAD

JULIO GONZÁLEZ PADRÓN

Con la colaboración de

Colección «Ítaca»

Las Palmas de Gran Canaria. Nuestro puerto, nuestra ciudad
1.ª edición, 2007

© *Copyright* 2007, Julio González Padrón
© *Copyright* de esta edición: ICG Marge, SL

Edita
Marge Books
València, 558, ático 2.ª
08026 Barcelona (España)
Tel. +34-932 449 130
Fax +34-932 310 865
www.marge.es

Director editorial
David Soler

Coordinación editorial
Laura Matos

Impresión

ISBN: 84-86684-60-9
Depósito Legal: B-

A mis hijas, Ana y Marta.

ÍNDICE

PRÓLOGO

SIEMPRE me he preguntado qué tienen estas islas que tanto y tan profundamente arraigan en el corazón de sus naturales y de los foráneos que las visitan. ¿Será la generosa benignidad de su clima? ¿Acaso la belleza paradisíaca de sus profundos barrancos y de sus altos riscales? ¿El azul sonoro de su océano circundante? ¿Tal vez sea el carácter cercano y siempre afable de sus gentes? ¿La nobleza de sus bellas ciudades o la cotidiana e ingente labor de sus puertos? Muchas incógnitas a las que corresponde una única respuesta: todo, absolutamente todo, hace de Canarias un destino especial, auténtico e irrepetible, digno de los más variados elogios.

Por ello, prologar este primer libro de Julio César González Padrón, *Las Palmas de Gran Canaria. Nuestro puerto, nuestra ciudad,* tiene para mí una significación muy especial. Por un lado, a causa de la amistad y complicidad que nos une desde hace tiempo. Por otro, porque siempre me ha atraído la historia que tiene como marco físico la ribera de nuestras ciudades. Además, pienso que sólo podemos valorar y amar lo que previamente nos ha interesado y hemos llegado a comprender.

El Grupo Boluda desarrolla desde hace varios años una labor divulgativa sobre diversos aspectos relacionados con la vida en el mar. El patrocinio de este libro se inscribe dentro de este proyecto didáctico con el que nos hallamos firmemente comprometidos. Nos preocupa, en particular, todo lo que esté íntimamente ligado al paisaje y paisanaje de las costas donde desarrollamos nuestra actividad comercial. La exhaustiva investigación realizada en los últimos años por Julio González sobre el puerto de sus amores (y desvelos) merecía llevarse a la imprenta. Sólo así la sabiduría popular que impregna sus páginas y la cantidad de leyendas e historias recopiladas por el autor podían acercarse a un público más amplio.

En *Las Palmas de Gran Canaria. Nuestro puerto, nuestra ciudad* quedan atrapados algunos retazos de una pródiga tradición oral, la que los viejos marinos, con su don innato para narrar de viva voz, fueron sedimentando a lo largo de los siglos. La presente obra sigue humildemente los pasos de escritores tan insignes como mi paisano Blasco Ibáñez, quien relata de un modo magistral la biografía de las mujeres y los hombres de la albufera valenciana. También de poetas canarios como Tomás Morales, Saulo Torón o Alonso Quesada, que desgranan, verso a verso, las vivencias de la capital y el puerto de Gran Canaria.

El artífice de esta obra es descendiente de una saga de notorios comerciantes de Las Palmas y Telde. También de viticultores de la isla de El Hierro. De ahí quizá provenga su gran capacidad para el negocio y su privilegiado verbo, que hace que sus conversaciones, siempre extensas y cultas, estén aderezadas con multitud de anécdotas familiares y de vivencias de la época en que ejerció como oficial de la marina mercante.

Julio González siempre se ha esforzado por comprender y explicar las circunstancias socioeconómicas que han propiciado el notable desarrollo de Las Palmas de Gran Canaria y de las gentes que habitan sus pueblos, villas y ciudades. Siente por su tierra un amor que roza la adoración y que es capaz de transmitir a los demás de una forma casi mágica, no exenta de suspense. Al escucharle hablar, con esa emoción que le caracteriza y que consigue «engancharte» al instante, te hace sentir un canario más, amante de su bendita tierra.

Esta facilidad para la comunicación le ha granjeado muchas simpatías y multitud de amistades entre las gentes del puerto de La Luz, pero también en otras latitudes a donde su extensa trayectoria profesional le ha ido llevando: Barcelona, Valencia, Alicante, Sevilla, Algeciras, Vigo, Bilbao, Livorno, Agadir, Nouadhibou, Nouakchott... En éstas y en otras ciudades hay amigos que valorarán positivamente su novedosa aportación bibliográfica.

Julio González suele decir con orgullo que trabaja para Naviera Pinillos, una empresa vinculada a las islas desde 1840, perteneciente a Grupo Boluda Corporación Marítima, que siempre apostó por Canarias y sus gentes.

Al dejar estas palabras impresas junto a las suyas, somos conscientes de que nuestros lazos de unión se harán más patentes, pero también de que nuestra «canariedad» adoptiva tomará una vez más carta de naturaleza.

Todo libro nace con vocación de ser leído, como toda empresa surge con la idea de ser productiva. Nadie escribe para sí mismo, sino para comunicar. Los empresarios mantenemos nuestras empresas no sólo con la idea de crear fortuna. También alienta nuestros proyectos el afán de abrir nuevos espacios de progreso, de los que en buena parte se beneficia la comunidad a la que pertenecemos.

Finalmente, con esta presentación deseo al autor que siga destinando esfuerzos a su labor intelectual y a todos ustedes, estimados lectores, que *Las Palmas de Gran Canaria. Nuestro puerto, nuestra ciudad* les sirva de acicate para emprender venturosas iniciativas socioeconómicas.

VICENTE BOLUDA FOS
Presidente de Grupo Boluda Corporación Marítima

PRESENTACIÓN

Acuse de recibo...

U_N 5 de enero de 1955, en la antigua casa familiar, sobre una *chaise-long*, vino al mundo un niño de piel nacarada, ojos profundamente azules y con «barbilla de pera». Este infante no estaba solo, mucho antes, en el mismo lugar, habían visto la luz cuatro hermanos. Pero al contar los vástagos de su familia, a él siempre le salieron seis.

Al decir del poeta teldense Fernando González, el niño creció y dijo «agua, pan, papá, mamá...», hasta que un buen día pudo subir por sí solo a la azotea, mundo fantástico donde los haya, pues allí se desarrollarán la mayor parte de sus experiencias y juegos infantiles; casi siempre acompañado por *Duki,* nuestro pequeño perro de largo y sedoso pelo de color blanco y marrón. Cada uno de nosotros fue aprendiendo del anterior y, así las cosas, yo tuve mi primer maestro en Julio César. Él me enseñó a regar los parterres colmados de bellas calas, que era la flor por excelencia en el corazón de nuestra madre; también a plantar rojizos rabanillos ingleses o a utilizar botellas dispuestas boca abajo para que la humedad fuera dosificada según la necesidad de la tierra.

Olores a hierbahuerto, cantares de pájaros canarios y mirlos, arrullo de palomas, ladridos de perros, el paso lento y cansino de una tortuga, los movimientos nerviosos de nuestra más extraña mascota: una rata blanca a la que llamábamos cariñosamente *Felipe.* Los vuelos rasantes de las libélulas o «caballitos del diablo», que iban o venían al recipiente que conservaba el agua de lluvia empleada en el riego de geranios y claveles. Los destellos de un sol cuya luz se precipitaba a raudales sobre los cristales de los «cierres» estaban siempre presentes. Todo ello formó parte del paisaje más inmediato, común a todos los hermanos González Padrón.

Pronto, tal vez demasiado pronto, nuestras idílicas vivencias se agotaron en pro de las «obligaciones», que nos llevaron a Las Palmas de Gran Canaria, Arucas, Santa Cruz de Tenerife, Madrid e Inglaterra; pero cada Navidad volvíamos al hogar, a nuestro dormitorio azul, junto a nuestros libros de aventuras y al globo terráqueo, que se iluminaba una y otra noche también.

En los veranos cambiábamos de casa, pero no de espíritu familiar. En la playa de las Salinetas, entre riscales de lava petrificada y arena negra, nos pasábamos mil y una jornadas de esparcimiento. El mar, aquel que enamoró de por vida la defectuosa vista de nuestro padre, fue nuestra particular fuente de inspiración creativa: barcos de hojalata, cometas de papel y caña, castillos y volcanes de arena; pero siempre junto al mar.

Antes, mucho antes, de vestir pantalones largos, y empezar a rasurarnos los incipientes bigotes, nuestros progenitores nos habían acostumbrado a visitar el puerto de La Luz cada domingo por la tarde. Allí comprendimos los sonoros y sentidos versos de Tomás Morales, poeta modernista, y las elocuentes palabras de Fernando de León y Castillo. Cientos de banderas de otros tantos países adornaban los muelles de Santa Catalina, Primo de Rivera y el «Muelle Grande». Era el momento para cantar «a una farola del mar que no alumbraba en la noche por no tener gas» o «a unos hombres valientes», cuando no «a una célebre cambullonera». Después vendría el instante elegido por nuestro padre para relatarnos, una vez más, su vocación juvenil de ser marino mercante, frustrada a causa de un desmesurado amor filial por una madre prontamente viuda.

Las esbeltas grúas que alzaban los fardos y demás cargas hortofrutícolas nos parecían titanes supervivientes de la antigua Atlántida. La mente iba y venía entre estridentes toques de sirena y humeantes chimeneas. Y como si nuestros ojos se embarcasen sobre el dedo de la niña vestida de azul del poema de Alberti, recorríamos una y otra vez la distancia entre Canarias y Estambul. El puerto era entonces, y lo sigue siendo ahora para nosotros, el comienzo de una autopista que nos puede llevar a los más recónditos lugares.

Llegado el ocaso del día mil luces fosforescentes iluminaban la bahía de las Isletas e irremediablemente nuestro padre, al mando de su Austin de carrocería de madera, popularizado como «La Rubia», salía del recinto portuario con dirección al bar-restaurante Chira o la churrería La Madrileña; uno en las inmediaciones de la plaza Ingeniero León y Castillo, y la otra muy cerca de la calle Bravo Murillo, apellidos evocadores del puerto y del libre comercio insular.

El tiempo no pasó en vano. Julio César partió un octubre para Santa Cruz de Tenerife, con el fin de estudiar Náutica. Yo tuve que esperar unos años para ingresar en la Universidad de San Fernando de La Laguna, donde cinco años más tarde me licenciaría en Geografía e Historia. Mientras esto sucedía, cada sábado cogía la guagua para ir a visitar a mi hermano, manteniendo así la entrañable amistad y camaradería que siempre nos ha unido.

Allí, en la Residencia de la Casa del Mar, fui contertulio de muchos de sus compañeros, que aún hoy recuerdo con agrado y cierta nostalgia. También mi hermano, como otros tantos, tuvo que emigrar a «la tacita de plata» para proseguir sus estudios; fueron meses de obligada separación física, que no espiritual, superada por largas y afectuosas epístolas.

De vuelta a Telde, a nuestro hogar familiar de los Llanos, la vida se nos presentaba bien diferente. Julio, un buen día, se marchó a la lejana Isla del Príncipe Eduardo, en Canadá; otra vez partió hacia la más cercana Nigeria y así, a cientos de puertos más.

Yo, por el contrario, atraqué mis vivencias entre las aulas del Colegio San Ignacio de Loyola de Las Palmas de Gran Canaria y la Casa-Museo León y Castillo de Telde, aunque mi mente huía en pos de él.

Hace tiempo que sé de sus inquietudes como recopilador de historias del puerto de Gran Canaria. Hemos hecho las más variadas incursiones y búsquedas para llegar a comprender, en toda su magnitud, el bello lema leonístico «El puerto lo primero». Y heme aquí, poniendo mis recuerdos en orden para introducir al lector en su primera entrega bibliográfica, que no literaria, pues a estas otras nos tiene más acostumbrados.

Yo, su hermano, no pretendo ser juez imparcial. No sabría serlo. Es más, no quiero serlo. El libro que hoy tienes en tus manos es fruto de un apasionado amor a Gran Canaria y a lo grancanario, por lo que es lógico pensar que es el resultado de la subjetividad, aunque ésta esté cimentada en las lecturas más variadas y en las experiencias más concretas.

La honestidad es una norma de conducta asumida por Julio sin pesar. Muy al contrario, cuantos le conocemos sabemos que es el mejor océano por donde navega. Así ha restado no poco tiempo a su familia, para de forma generosa y altruista entregársela a los amigos de nuestro puerto, que es el puerto por antonomasia.

Felicito al Presidente de Grupo Boluda por avalar económica y moralmente este acierto editorial, pues estamos seguros que se convertirá, muy pronto, en todo un éxito empresarial, digno de un llamativo pensamiento: «A Boluda le interesa todo lo que flote»; lo que le ha convertido en faro y guía del movimiento marítimo-mercantil español.

Asimismo, me atrevo a recomendar una lectura pausada, casi de libro de mesa de noche. Un día y otro, en el remanso de las horas que este libro sea vuestro compañero. Por mi parte he acusado recibo de su entrega.

Antonio María González Padrón
Director de la Casa-Museo León y Castillo
Cronista Oficial de la Ciudad de Telde
Miembro de la Junta de Gobierno de ICOM-España

LAS PALMAS DE GRAN CANARIA. NUESTRO PUERTO, NUESTRA CIUDAD

JULIO GONZÁLEZ PADRÓN

EL NACIMIENTO DE UNA CIUDAD

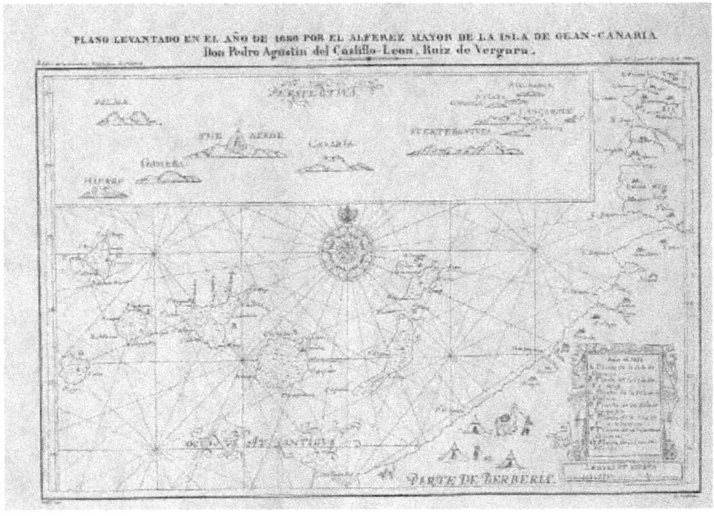

MONTAÑAS achaparradas, proyectos de dunas, arenales rubios, entremezclados con lapilli o picón, que cubrían un pequeño istmo, uniendo a la Gran Canaria con su hermana menor, La Isleta. Riscos de lava petrificada salpicada de colores propios del volcán, lavados por un mar en calma. Éste sería el paisaje que divisara aquel 24 de junio de 1478 el conquistador Juan Rejón.

Sus naves fueron acercándose lentamente, hasta fondear a pocos metros de la orilla de la playa que se había formado en una bahía natural de aguas cristalinas y relativamente poco profundas. Sus hombres saltaron a tierra y, pertrechados con todo lo necesario, avanzaron por la costa camino del sur, cruzando un pequeño río, que más tarde supieron se trataba del Guiniguada. Allí, en sus orillas, divisaron a una mujer que, con su niño en la cadera, se disponía a beber de aquellas aguas frescas y cristalinas que desde las cumbres de la isla bajaban puras y enriquecidas de minerales hasta el mar, atravesando todos los valles y completando así su ciclo natural. La misma señora avisó a las tropas de Juan Rejón: a pocos quilómetros de allí, los pobladores de la isla se preparaban para una emboscada en unos acantilados próximos —los mismos que hoy conocemos como la Laja—; por lo que convinieron que sería más prudente levantar un fortín en un pequeño montículo que se elevaba suavemente desde el cauce de aquel río hasta

Imagen de Thenesor Semidán, último rey de Tamarán (Gran Canaria) en el momento de la conquista de Canarias en 1478 por el Reino de Castilla. (Grabado de Ediciones Cigarrillos Cumbre, 1956; archivo Fedac.)

Imagen de la princesa Guayarmina, hija de Thenesor Semidán, último rey guanche. (Grabado de Ediciones Cigarrillos Cumbre, 1956; archivo Fedac.)

una frondosa vegueta, cubierta toda ella de palmeras e higueras.

Era el día de San Juan. Al construir con ramas y troncos una endeble empalizada y edificar algunos primitivos habitáculos, se estaba asistiendo a la fundación de la que, andando el tiempo, sería la ciudad por antonomasia del archipiélago canario: Las Palmas de Gran Canaria.

Aunque este nombre definitivo no lo alcanzaría, de manera oficial, hasta el siglo XX, pues mucho antes se la conocía únicamente como Las Palmas. Tal fuerza tuvo esta nominación que, aún hoy, en el resto de las islas existe la tendencia a aplicar este topónimo a toda Gran Canaria, convirtiéndose en sustitutivo del mismo.

Quiso el conquistador Juan Rejón agradecer la valiosa información que le había facilitado aquella bella y misteriosa señora que portaba un niño en su cadera; pero, misteriosamente, su búsqueda resultó infructuosa. Al ser éste devoto de Santa Ana, mantuvo la creencia de que fue la propia Virgen, acompañada del niño Jesús, quien los protegiera, avisándolos de la emboscada que los isleños preparaban en aquellos acantilados, más al sur.

Éste podía ser el comienzo de la crónica para reseñar el primer desembarco histórico realizado al socaire de las Isletas, en ese puerto de natural bonanza que se extendía desde la punta del Palo hasta la playa de Santa Catalina.

Los alisios, principales vientos que soplan casi constantemente sobre las Islas Canarias, chocaban contra esa masa de picón (lapilli) que forman las elevaciones volcánicas de las llamadas «isletas», así como en la cadena montañosa que destaca en el norte de la isla, produciendo un fenómeno atmosférico conocido por los meteorólogos como «efecto Fhoen», en honor a su descubridor, y que los isleños denominamos, de manera coloquial, «la panza de burro».

Desde el momento descrito con anterioridad, las naves castellanas que se acercaban a la isla tenían por costumbre fondear en este lugar; por ello, no sería extraño que el Gran Almirante de Castilla y la Mar Océano, de origen genovés, Cristóbal Colón, escogiera también sus tranquilas aguas para reparar una de sus naves en el año 1496.

Por estas fechas, la ciudad de Canarias (Las Palmas

Playa, carretera y túnel de la Laja, con el camino hacia el sur, lugar donde según la leyenda los isleños aborígenes preparaban una emboscada a Juan Rejón. (Fotografía de Jordão da Luz Perestrello, año 1900; archivo Fedac.)

de Gran Canaria) contaba ya con catorce años de vida. La estampa urbana que ofreciera al almirante sería la de una pequeña aglomeración de casas bajas dispuestas a ambos lados de angostos callejones donde sólo dos edificaciones tendrían tal categoría: la ermita de San Antonio Abad y la Casa del Gobernador. Fiel a su espíritu de ciudad tardío-medieval, las autoridades civiles, militares y eclesiásticas se debatían en litigios con el fin de dotarla de unas peculiares trazas urbanas.

A los pocos años se consagró la Santa Catedral Basílica de Santa Ana, aquélla, de singular fachada, donde dos torres gemelas de caracol custodian su entrada principal.

Contaba la urbe con unos cinco mil habitantes. Esta importancia demográfica le confirió los títulos de Muy Noble y Muy Leal en 1515, y ya en 1520, se establecería en ella la Audiencia, con jurisdicción sobre todo el archipiélago. Todo ello venía a completar su carácter de capital, pues, en el lejano 1485, se había trasladado a ella la Cátedra Episcopal.

Niños junto al barranco
de Guiniguada, con el
puente de Palo y la catedral
al fondo, lugar donde según
la leyenda fue advertido
Juan Rejón de una
emboscada guanche.
(Fotografía de Carl
Norman; archivo Fedac.)

Imagen de Juan Rejón,
fundador de la Ciudad
Real de Las Palmas
el 24 de junio de 1478.
(Grabado de Ediciones
Cigarrillos Cumbre, 1956;
archivo Fedac.)

En la primera década del siglo XVI, dos barrios componían la trama urbana: Vegueta y Triana. El primero de ellos, señorial y administrativo, con rancio sabor capitalino. El segundo, bullicioso, mercantil y populoso. Dos espíritus que se han ido complementando mutuamente a lo largo de cinco centurias.

Pero, ¿y nuestro puerto de las Isletas? Poco o nada ha variado su fisonomía. Ahora se levanta, junto a sus aguas verdinosas y traslúcidas, sobre «el marisco», un fortín cuadrangular con torres en sus vértices; el mismo castillo que fuera descrito en 1588 por el ingeniero Torriani, quien se acercara al lugar para informar a su majestad Felipe II «de los baluartes y defensas de la isla». En la memoria que adjuntó a los planos del futuro castillo de la Luz señalaba, con toda clase de detalles, la razón por la que éste debía erigirse sobre la punta del Palo, al ser más conveniente por situarse más al este y, así, proporcionar mayor radio de acción a sus baterías, factor que redundaría en una mayor protección del fondeadero.

La preocupación por estas precauciones defensivas no era infundada, pues los ataques piráticos sobre la isla, en general, y sus principales puerto y ciudad, en particular, fueron numerosos a lo largo de todo el siglo XVI. En la memoria

Castillo de la Luz, con sus torres de vértices, situado en la punta del Palo. (Fotografía de Julián Hernández Gil, entre 1950-1955; archivo Fedac.)

de las gentes de Canarias estaban frescas, aún, las invasiones de 1522, cuando el francés Jean Fleury, con una flota de cinco galeones y cuatro navíos, atacó este puerto y siguió merodeando las aguas insulares durante algún tiempo.

En 1544, Jean Alfonse de Santote se presentó, de improviso, en las Isletas, desembarcó con más de quinientos hombres y se apoderó de su fortaleza.

En 1551, otra escuadra francesa, esta vez bajo el mando de El Clérigo, atacó este puerto grancanario. Poco antes, en 1549, los insulares tuvieron que hacer frente al pirata francés Jean Jolin, dándole muerte.

Pero sin dejar pasar muchos años, concretamente en 1553, otro corso, llamado François Declerc, conocido por el sobrenombre de *Pata de Palo,* sacudió la tranquila vida insular. Los franceses, en guerra continua, siguieron visitando el puerto grancanario durante todo este año, unas veces con mejor fortuna que otras. Hazañas que siguieron repitiendo a lo largo de todo 1555, gracias al almirante Bois-Le Comte.

Acciones similares tuvieron lugar en 1556, cuando Luis de Lur-Saluces se presentó frente a la ciudad de Las Palmas de Gran Canaria; aunque, una vez más, fue rechazado por las milicias locales.

Fuente pública de Pilar
Nuevo, situada detrás
de la catedral. Las tallas
de barro confeccionadas
a mano, sin torno, eran
transportadas sobre
la cabeza por las mujeres,
que se protegían con un
ruedo húmedo. Para llenar
las tallas se utilizaba una
caña hueca que canalizaba
el chorro de agua desde
la parte alta del pilar.
(Fotografía de Luis Ojeda
Pérez, de entre 1890-1895,
archivo Fedac.)

Corría el año 1595 cuando los ingleses Drake y Hawkins partieron rumbo a Canarias, con veintisiete velas y dos mil ochocientos hombres. En sus cabezas bullía la idea de atacar Las Palmas de Gran Canaria. Sin embargo, el ataque más devastador para la ciudad no ocurriría hasta el 18 de mayo de 1599, fecha en la que apareció frente a sus costas la escuadra más numerosa que jamás se había visto antes en estos mares: la formaban setenta y cuatro naves y en ellas esperaban doce mil hombres capitaneados por el sanguinario Pieter Van der Does, el cual, al servicio de las provincias secesionistas de los Países Bajos, arrasó la ciudad, quemando incluso su catedral.

Esta larga lista se completaría así en las centurias siguientes:

- 1617, sir Walter Raleigh, con dieciséis naves, desembarcó con dos mil hombres en el puerto de La Luz.
- 1742, un bajel inglés atacó a un bergantín de cabotaje en las aguas de Gran Canaria.
- A partir de esta última fecha, ya no se violentarán más las, de por sí, mansas aguas de Refugio.

Vista del barrio de Triana desde la torre de la catedral, en una imagen de 1939. A la derecha se observa el muelle de Las Palmas. En primer término, el barranco de Guiniguada. (Archivo Fedac.)

Durante el siglo XVIII había surgido un pequeño poblado de pescadores, fruto del mestizaje, dedicados a la captura de ciertas especies marinas que eran secadas al sol o puestas en salazón. A pesar de todas las desgracias que les sobrevenían por vía marítima, los nuevos isleños nunca vieron en el mar un enemigo que hubiera que batir, ni un obstáculo físico insalvable. Muy al contrario, era el medio del que se servían para exportar sus productos y, a través de él, llegaban las materias primas manufacturadas de todos los continentes, así como todas las costumbres y los modos de otros pueblos, con lo que ello supone de enriquecimiento humano y cultural. Qué gran razón nos sostiene cuando afirmamos que estamos cimentados en una ciudad cosmopolita y multicolor.

El comercio de la isla siempre tuvo un capítulo sobresaliente en las transacciones marítimas. No solamente las necesarias relaciones interinsulares y las no menos requeridas con la península Ibérica, sino también, como factor determinante, en el reciente y próspero comercio hispanoamericano.

Un acontecimiento realmente extraordinario para nuestro puerto y nuestra ciudad iba a tener lugar en aquel

Casa del Gobernador, una de las primeras edificaciones de la ciudad de Las Palmas, edificada entre angostos callejones en el actual barrio de Vegueta.

Vista de la catedral basílica de Santa Ana, cuya construcción se inició en 1504. En ella se combinan los estilos gótico, renacentista y neoclásico y se halla emplazada frente al Ayuntamiento de Las Palmas de Gran Canaria.

siglo XVIII, pues si bien en un primer momento de nuestra historia la falta de legalidad de este intercambio comercial venía dada por la negativa del monarca a abrir otros puertos al comercio americano que no fueran los de Cádiz o Sevilla, es justo reconocer que se permitían ciertas licencias cargadas de complicidad de la ley, favoreciendo, a la postre, el desarrollo de nuestro puerto y su joven ciudad. Así, el puerto de La Luz adquirió mayor importancia a partir de 1778, año en que Carlos III estableció, de forma definitiva, la libertad comercial con América. Esta libertad comercial se plasmó en los Reales Decretos de 16 de octubre de 1765 y, algo más tarde, en el del 2 de febrero de 1778. De esa manera, a nuestro puerto «se le abrieron las puertas» para que todas las flotas del mundo, pero muy especialmente las españolas, portuguesas y anglosajonas, comenzaran a incluirlo, sin excusas o temores de operatividad, en sus itinerarios. Entre otras cosas, esto lo iría convirtiendo en un auténtico puerto de avituallamiento, ofreciendo una plataforma o avanzadilla geográfica natural para la expansión de las potencias colonizadoras de entonces.

Aquella ciudad nacida en Vegueta, zona de gran prestancia arquitectónica, sede de los solares más prestigiosos de la sociedad isleña (los del Castillo, Castillo Olivares, Manrique de Lara, Bravo de Laguna, Massieu, etc.), muy pronto se extendió hasta el norte, hacia el populoso y mercantil barrio de Triana. Allí, el puerto de la rada de San Telmo, con sus gentes y prósperos negocios, hizo que durante los siglos XVI, XVII, XVIII y XIX se asentaran numerosas familias de artesanos y comerciantes, unos de procedencia insular o peninsular, otros –y no en bajo número– venidos a esta ciudad desde Malta, Génova, Amberes y muchas otras urbes europeas que veían en ésta el salto natural al África cercana y a la América lejana. En el famoso Censo de Aranda de 1768 se da la cifra global de 9.435 habitantes. Aunque escasos si los comparamos con los de Sevilla, Barcelona o Madrid, seguía siendo el núcleo poblacional más importante del archipiélago canario. La isla, en su totalidad, poseía en 1765 la cantidad de 40.982 habitantes y, en 1787, ya llegaba a las 48.909 almas.

Las bajas montañas cercanas horadadas, en gran parte, por un sinfín de pequeñas oquedades y profundas cuevas de

Vista de abigarradas azoteas
en el barrio de Vegueta.
(Fotógrafo Moderno, 1935.
Archivo Fedac.)

construcción manual (realizada, con cierta facilidad, en la toba volcánica), dieron lugar a un asentamiento humano del que desconocemos sus orígenes; pero sí sabemos que, en fechas históricas muy recientes, éstas fueron ocupadas por los estamentos más humildes de la nueva sociedad isleña. San José, San Roque, San Antonio... son algunos de estos barrios que aportaban mano de obra barata a la ciudad y al puerto de Las Palmas de Gran Canaria.

Radical fue la medida tomada por los ediles del siglo XIX, cuando llevaron a cabo la demolición definitiva de las murallas que hasta entonces limitaban el crecimiento urbano, haciendo surgir una nueva vía: la calle Bravo Murillo. Pero no es menos cierto que esta acción posibilitó el desarrollo de los nuevos barrios hasta rebasar la altura de la antigua plaza de la Feria, hoy Ingeniero León y Castillo.

El segundo ensanche de la ciudad vino tras la desamortización de Mendizábal. A partir de 1836, muchos fueron los solares, antes ocupados por los diferentes conventos, que cambiaron de morfología: unos pasarían a formar parte del patrimonio municipal, como la plazoleta de Cairasco, la alameda de Colón o San Bernardo, y otros caerían en

Ermita de San Antonio Abad, en el barrio de Vegueta, edificada en el mismo lugar donde se fundó la ciudad de Las Palmas en 1478.

manos de particulares, como el que sirvió para erigir la casa del prominente médico antropólogo de origen teldense doctor Gregorio Chil y Naranjo, quien la donaría para pasar a ser actualmente sede social de la sociedad científica El Museo Canario, verdadero baluarte de los estudios de la prehistoria insular y depositaria de gran parte de nuestro patrimonio documental y de los más variados objetos del pasado aborigen.

Calles como Viera y Clavijo, Galdós, Buenos Aires y otras vieron surgir de los planos de don Laureano Arroyo y otros arquitectos un buen número de casas ennoblecidas con sus trazas historicistas y sus remates de cantería azul y gris de Arucas.

LA NECESIDAD DE UN PUERTO

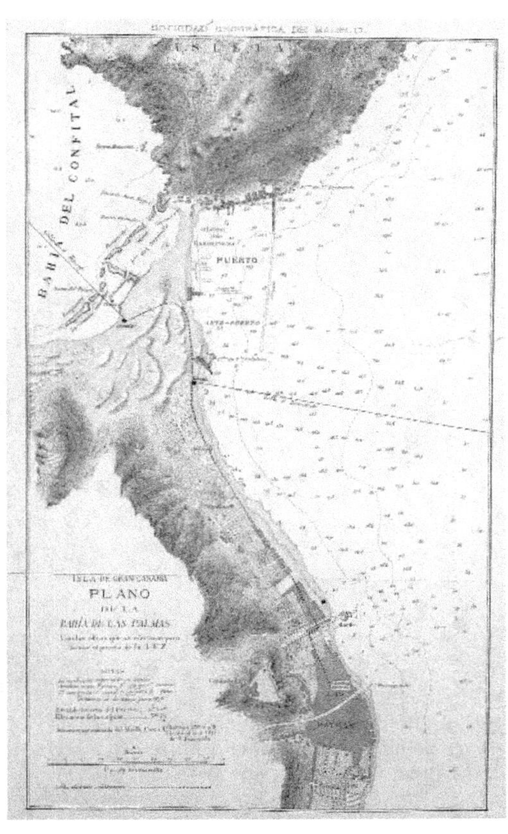

Imagen del muelle de Las Palmas, con el parque de Cervantes
y el edificio del Gobierno Militar al fondo.
(Fotografía de Curt Herrmann, entre 1910-1915; archivo Fedac.)

FUE durante las remodelaciones urbanas de la primera
mitad del siglo XIX cuando le surgió un competidor dentro
de casa al puerto de las Isletas, que viene a ser el llamado
puerto de Las Palmas, tan antiguo como el ya tantas veces
mentado de Refugio de La Luz, que fue conocido en un
principio como caleta de San Telmo. Este angosto, pedregoso y poco profundo reducto no era más que una playa de
callaos, que se cerraba en su lado norte por una baja de pequeños arrecifes donde se habían depositado piedras de
los más diversos tamaños, producto de la demolición años
atrás de parte de la vieja muralla que se extendía desde
un baluarte cúbico, a orillas del mar, hasta el cercano castillo de Mata.

En el lugar se realizó un pequeño malecón o dique de
abrigo, orientado hacia el este, y que protegía, más bien
menos que más, a las embarcaciones de los vientos del
primer cuadrante, permitiendo que a su resguardo se realizaran las labores propias de la carga y descarga de pequeños barcos de vela o barquillos de dos proas, que eran los
únicos que podían fondear a su vera.

A la antes aludida demolición de las viejas murallas, le
siguió la planificación sistemática en cuadrados y rectángulos
de un buen número de vías urbanas, siendo las más destacables la calle Perojo y sus aledañas. Desde ese momento continuó y fue imparable el avance de la ciudad hacia el norte.

Retrato de Pedro del Castillo y Westerling, primer comandante de Marina de Las Palmas de Gran Canaria.

Durante toda la primera mitad del siglo XIX el puerto fue ampliado y modificado varias veces, pues el gremio de comerciantes de Triana mantenía la idea de que el futuro puerto comercial que la ciudad ya demandaba se debería construir en ese mismo lugar.

Fue entonces cuando el presidente de la patriótica Real Sociedad Económica de Amigos del País, don Manuel González, defendió con una visión futurista extraordinaria, lejos de egoísmos personales, que el futuro puerto debía hacerse en la bahía de las Isletas. Fue tal su empeño y convencimiento que el 4 de febrero de 1876 presentó una moción a la Sociedad Económica de Amigos del País donde explicaba, con toda clase de detalles, las ventajas que para la ciudad y el propio puerto tendría esta ubicación, al mismo tiempo que lamentaba: «Jamás podré entender a los detractores del proyecto que anteponen sus intereses personales a los de la isla»; para, a continuación, desmontar, con una elegancia exquisita, los absurdos argumentos de aquellos comerciantes del barrio de Triana que defendían seguir adelante con el primitivo muelle de Las Palmas, argumentando que bastaría sólo con prolongarlo hasta cubrir «el bajo».

Su idea tendría pronto muchos aliados de peso en la sociedad de entonces. Así, unos meses más tarde, en un informe del comandante de Marina don Pedro del Castillo y Westerling, elaborado tras haberse asesorado con pilotos, marinos, ingenieros y personas entendidas en la materia, apoyó sin reservas la postura de don Manuel González. Es más, el propio don Pedro del Castillo y Westerling comentaba en las tertulias con los amigos que ya soñaba con un importante puerto que sirviera de refugio a todas las flotas que por entonces mantenían líneas más o menos regulares con América del Sur y la costa africana.

El 28 de enero de 1869 la comandancia de Marina fue elevada de categoría, segregándose de la de Tenerife para pasar a depender directamente de Cádiz. Quedó a su cargo el comandante de Marina don Pedro del Castillo y Westerling y unos años después se construyó el nuevo edificio de fachada neoclásica, junto a la explanada que más tarde se convertiría en la popular plaza de la Feria.

También un 24 de junio, día de San Juan, pero esta vez de 1803, tuvo lugar en la pequeña localidad de Frenegal de la Sierra, que algo más tarde sería la provincia de Badajoz, el nacimiento de un niño que con los años se convertiría en uno de los hombres providenciales para Canarias y, cómo no, para el puerto de La Luz: nos referimos a Juan Bravo Murillo. Su brillante carrera como político lo llevó a asumir la jefatura del Gobierno en 1850. Dos años más tarde trabajaba incansablemente como jurista, hasta culminar su obra cumbre: la Ley de Puertos Francos; tan importante como necesaria para el desarrollo futuro del puerto. La libertad comercial quedaba de tal manera consagrada en dicho texto legislativo que, por vanguardista, puso a Canarias en general y al puerto en particular en el punto de mira de las inversiones europeas. Era ésta una norma tan justa que ni la propia dictadura del general Primo de Rivera, primero, y la del también general Franco, después, pudieron obviar.

A este hombre, abogado y peninsular de nacimiento, que sin viajar nunca a Canarias fue capaz de captar y comprender la sensibilidad socioeconómica en que vivía nuestra isla y su puerto, tantas veces incomprendido, posiblemente por la lejanía geográfica, desde los centros de poder en Madrid, nosotros, desde Canarias, le estaremos eternamente agradecidos.

A la sombra de otros acontecimientos, un factor, esta vez foráneo, fue decisivo para Las Palmas de Gran Canaria y su puerto: el colonialismo británico.

Era de vital importancia para la corona británica contar con una base operacional en este archipiélago atlántico y crear una estación carbonera. Las épocas de las invasiones

Retrato de Juan Bravo Murillo, promotor de la Ley de Puertos Francos de 1850, instrumento fundamental para las inversiones extranjeras y el desarrollo de Canarias. (Grabado de Ediciones Cigarrillos Cumbre, 1956; archivo Fedac.)

Vista del castillo de Mata, desde donde arrancaba la muralla que llegaba hasta el mar, por donde hoy discurre la calle de Bravo Murillo. Al fondo de la imagen, la catedral. (Fotografía cedida por Alejandro Santana Martín.)

Diego Miller Vasconcellos, primer presidente del Círculo Mercantil de Gran Canaria y fundador de la empresa consignataria Miller y Cía., SA.

y dominios de tierras ya adjudicadas a otras potencias o partes integrantes del territorio de otro Estado quedaban atrás. Los ingleses arbitraron una nueva fórmula: la penetración comercial.

En Las Palmas de Gran Canaria dio comienzo una época (1860-1930) cuyo denominador común estuvo marcado por la participación de la colonia británica en distintas actividades hasta entonces desconocidas para los habitantes de la isla: la explotación y comercialización de la valiosa «cochinilla», las plantaciones de la recién importada platanera, los tomates, las fábricas de jabones, tintes, carboneras, banca, tejidos, etcétera. Todos ellos conocieron el empuje de mentes anglosajonas; de ahí el comentario de nuestro poeta Tomás Morales:

«Todo aquí es extranjero
las celosas gentes que van
tras el negocio cuerdo,
las tiendas de los indios, prodigiosas
y el Bank of British, de especial recuerdo…
Extranjero es el tráfico en la vía,
la flota, los talleres, y la banca,
y la Miss que, al descenso del tranvía
enseña la estirada media blanca…».

Word, Russel, Swanston, Miller, Hougnton, Pavillard, Wöermann y otros tantos apellidos de origen inglés, escocés y alemán quedaron unidos a Gran Canaria para siempre…

En esas fechas, la ciudad ya se extendía fuera de la Porta; es decir, transgredía los límites que le impusiera su antigua muralla. En ese momento, en el lugar que ésta ocupara, se levantaba una calle de tierra que algo más tarde se denominaría de Bravo Murillo, como homenaje y reconocimiento a uno de los hombres clave en el desarrollo de esta tierra.

Las casas se agolpaban junto a la carretera que va a las Isletas. Se empezaban a marcar las trazas de la plaza de la Feria, que hasta ese momento sólo era un rectángulo polvoriento de tierra roja de la ciudad que ya poseía doce mil habitantes.

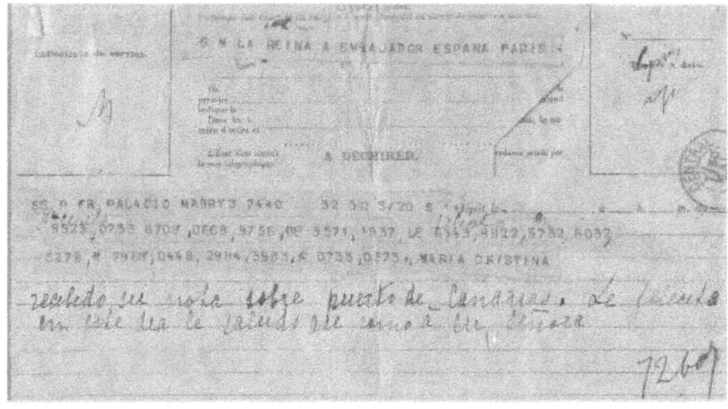

Telegrama de S.M. la Reina María Cristina redactado en clave con las instrucciones para poner en marcha la construcción del puerto de La Luz, con notas manuscritas de Fernando de León y Castillo.

En 1863, el patricio grancanario, natural de la ciudad de Telde, Fernando de León y Castillo, escribió un profético artículo periodístico, publicado en el periódico *Las Canarias* el 4 de marzo, que decía así:

«El puerto de La Luz abrigado de todos los vientos, si se exceptúan los del segundo cuadrante, ha de convertirse tan pronto se construyan las obras necesarias en un puerto completamente cerrado, capaz de dar abrigo a un número fabuloso de embarcaciones.

»Entonces se verá nacer el puerto de La Luz, cuyas playas hoy habitan humildes pescadores, un nuevo pueblo, hijo del comercio, que será por su proximidad a Las Palmas parte de esta ciudad.

»El día que, terminadas las obras del puerto de La Luz, se abra a la navegación y al comercio, será grande, inmenso, el desarrollo que experimenten la ciudad de Las Palmas de Gran Canaria y los pueblos de toda la Gran Canaria».

Otro grancanario, esta vez el profesor Quintana Navarro, dejó escrito:

«El puerto de La Luz, en Las Palmas de Gran Canaria, ha conocido, en su ya centenaria historia, tres momentos claramente diferenciados por las grandes obras que han realizado en su bahía: el puerto de Refugio o puerto primitivo, iniciado en 1883; el muelle Grande, construido entre 1927 y 1935 y, por último, a partir de los años sesenta, y más decididamente desde 1971, el puerto Exterior, que ha configurado el puerto actual».

Treinta años duró la gestación del puerto de Refugio, pues desde 1850 a 1880 se elevaron voces y proyectos a Madrid para que se realizara esta obra de ingeniería. El momento histórico, en cuanto a la política administrativa, no era el más propicio para las inversiones en la isla de Gran Canaria, que ya había perdido la capitalidad a favor de Tenerife. Desde ésta sus gobernantes actuaban con continuos abusos, pretendiendo mantener a toda costa los privilegios que le ofrecía su estatus jurídico-administrativo como capital del archipiélago canario, retrasando y poniendo toda clase de excusas una y otra vez a cualquier intento de nuestro puerto de convertirse en algo más que un simple embarcadero o puerto de refugio, pues sus autoridades se mantenían en la idea de que el único puerto de interés general en las islas debía ser el de Santa Cruz de Tenerife,

Acto de inicio de las obras del puerto de La Luz, el 26 de febrero 1883, presidido por un rótulo con el lema *Got bless our work* (Dios bendiga nuestro trabajo). (Archivo Autoridad Portuaria de Las Palmas.)

Vista del muelle Grande en 1914, actual muelle de León y Castillo. (Fotografía de Curt Herrmann; archivo Fedac.)

ya que los de las demás islas eran considerados «de refugio»; calificando cualquier otra obra que no se hiciera en el de la capital como un despilfarro inaceptable. De este modo, se dilataban hasta la eternidad los proyectos que llegaban a la Administración central.

El obstruccionismo alcanzó un extremo tal que llegaron incluso a ordenar el traslado a Tenerife del ingeniero jefe de puertos, don Eugenio Suárez, con la maléfica intención de perpetuar en el silencio el proyecto por él mismo confeccionado.

Algo parecido ocurrió cuando se decidió unir por cable submarino Cádiz con Canarias, con el objetivo de incorporar así a las islas las modernidades inventadas años atrás por Morse. Después de hacer los rigurosos estudios de los fondos marinos y su viabilidad, los técnicos franceses contratados al respecto determinaron que sería más favorable hacerlo desde Gran Canaria, ya que los fondos de esta isla ofrecían mejores condiciones, a lo cual se opusieron enérgicamente las autoridades de Tenerife, provocando con su actitud un retraso en la obra de casi tres años, hasta que el 3 de mayo de 1880 el Gobierno se vio obligado a ceder a las pretensiones de conectar el cable desde Cádiz a Tenerife y desde allí a Gran Canaria.

Afortunadamente, la ansiada división provincial del año 1927, en plena dictadura del general Primo de Rivera, abortó toda posibilidad de que se continuara con estas prácticas tan poco patrióticas y abusivas para Gran Canaria.

Don Luis Morote, periodista y diputado por Gran Canaria, defensor a ultranza de nuestro puerto de La Luz, decía en uno de sus brillantes artículos:

«¡Salve, puerto de La Luz! Su grandeza es grandeza del archipiélago y también de España, que no se concibe el de una de las partes de la nación sin que redunde en gloria y honor de todo lo que es la patria. ¡Salve, puerto de La Luz!».

En 1856 ya se expuso un proyecto de «las obras que el comercio reclama en Las Palmas de Gran Canaria». Este avance fue obra del ingeniero Clavijo. Costaba todo la friolera de 5.000.000 reales de vellón.

Entrada al muelle de Santa Catalina con el edificio de la Junta de Obras del Puerto y, frente a él, la marquesina para el desembarco de viajeros. (Fotografía de E. Baena, entre 1925-1930; archivo Fedac.)

En 1861, Juan de León y Castillo proyectó con idénticos costes un muelle de abrigo y desembarcadero, pero llegó el año 1872 y nada se había hecho aún en la bahía de la Luz.

Fue en el año 1862 cuando, por fin, se presentó una ocasión tan deseada como esperada: un grancanario llegó al Ministerio de Ultramar en el gobierno liberal de don Amadeo Sagasta, el patricio Fernando de León y Castillo, quien personificó todas las pretensiones de la burguesía de la isla.

Entre 1881 y 1883 se dispusieron a continuar las obras del puerto de La Luz. El proyecto del puerto de Refugio de La Luz en Las Palmas de Gran Canaria, obra del ingeniero Juan de León y Castillo, fue redactado en 1881 y aprobado el 3 de marzo de 1882. Éstos fueron sus puntos principales:

- Un dique exterior de abrigo, o muelle de La Luz, que contaría con 1.240 m de longitud.
- El muelle de Santa Catalina, que poseería 600 m de largo.

Tartanas frente a la marquesina del muelle de Santa Catalina, en la segunda década del siglo XX. (Fotografía de Joaquín González Espinosa, entre 1920-1925; archivo Fedac.)

Retrato de Luis Morote,
periodista y diputado
por Gran Canaria, defensor
a ultranza del proyecto
del puerto de La Luz.
(Grabado de Ediciones
Cigarrillos Cumbre, 1956;
archivo Fedac.)

Vista de la bahía de
Las Palmas con las primeras
construcciones hoteleras
de la isla. En el centro de la
imagen, el hotel Metropol
encarado hacia la bahía;
a la derecha, los jardines
y el hotel de Santa Catalina.
(Fotografía cedida por
Alejandro Santana Martín.)

El primero de ellos, partiendo de una línea en sentido norte-sur, cerrando la bahía por el este, y el segundo en sentido oeste-este, dejando cubierto el flanco sur.

Aunque su coste inicial era de algo más de ocho millones, la inversión pública fue superior, 9.146.549,32 pesetas, cosa inusual en las obras públicas del archipiélago. Para llevar a cabo tales proyectos se confió la obra a la empresa británica Swanston y Cía., vinculada familiarmente con los Miller.

Al acabarse las obras del puerto de Refugio se impuso la necesidad de crear un organismo oficial que tuviera como misión principal la conservación de las futuras mejoras del mismo, encargando nuevos proyectos para su ampliación.

Así las cosas, se dictó una Real Orden por el Ministerio de Agricultura, Industria, Comercio y Obras Públicas, el 16 de junio de 1905, que creó oficialmente la Junta de Obras de los Puertos de La Luz y de Las Palmas de Gran Canaria.

Hay que apuntar que ya en 1881 se había constituido una primera junta, aunque de menor rango que la recién nombrada. Ésta recibió como «auxilio» del rey y con cargo a los presupuestos la nada despreciable cantidad de doscientas mil pesetas, si tenemos en cuenta la maltrecha economía de la época y lo poco boyante que estaba el Tesoro Nacional. Esta primitiva junta quedó constituida por una Real Orden de 3 de mayo de 1881, siendo nombrado como presidente el subgobernador don Agustín Bravo de Laguna y como vicepresidente don Pedro del Castillo y Westerling.

El 7 de diciembre de 1905 tuvo lugar la elección de

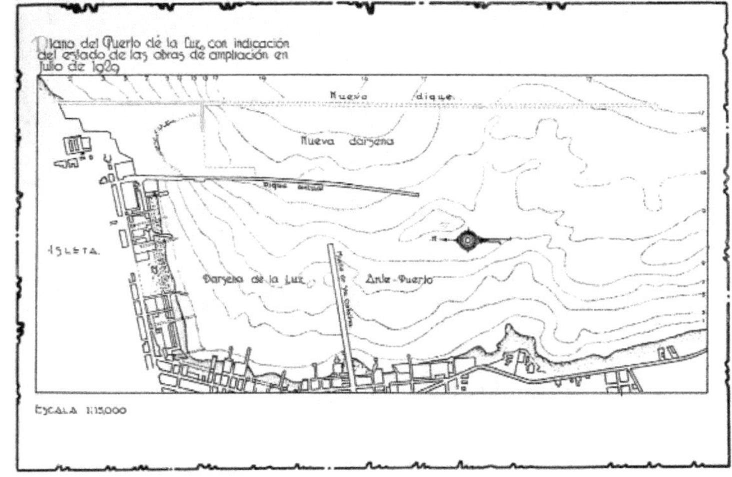

Plano del puerto de La Luz,
con indicación del
estado de las obras
en 1929. (Archivo Fedac.)

los primeros cargos de la nueva junta, presidida por el
delegado del Gobierno don Salvador Álvarez de Sotomayor.
Dicha junta quedó constituida de la siguiente manera:

- Presidente: don Miguel Curbelo Espino, que era a su
  vez presidente de la Cámara de Comercio de Las Palmas de Gran Canaria.
- Vicepresidente: don Enrique Santos Gavilia.
- Interventores: don Ambrosio Hurtado de Mendoza
  y don Juan Hernández González, por el Ayuntamiento de Las Palmas de Gran Canaria; don Matías Reina
  Lorenzo y don Manuel Torres Santana por la Cámara de Comercio.

Entre sus primeros cometidos destacó el encargo de un
estudio sobre amarres, fondeos y puertos francos, con el

La ciudad crece hacia el
puerto, bordeando la bahía
de Las Palmas. En la imagen,
a la izquierda, la Ciudad
Jardín y, al fondo, la Isleta.
(Fotografía cedida por
Alejandro Santana Martín.)

Construcción del muelle Grande (muelle de León y Castillo en la actualidad) mediante cajones independientes ideados por el ingeniero Juan de León y Castillo. (Archivo Fedac.)

Grúa *titán* utilizada en la construcción del muelle Grande.

objeto de elaborar las primeras tarifas que se destinarían a hacer frente a la propia conservación del puerto y sus obras.

En el año 1909 ya se confeccionó un Plan de Mejora. En 1925, don Jaime Ramonell y Obrador realizó un Plan General de Servicios y un nuevo dique de abrigo. Este mismo año aparecería otro nuevo proyecto de dique de abrigo, obra de don Francisco Acedo Villalobos.

Pero no fue hasta 1927, en plena dictadura del general Primo de Rivera, cuando se dio la solución definitiva, esta vez de manos de don Julio Rodríguez Roda y su proyecto de «reformado de nuevo dique de abrigo», el cual, a su vez, fue completado por don Antonio Artiles Gutiérrez.

Así nacía el muelle Grande, construido entre 1927 y 1935. En total eran 1.664,30 m los que, en 1935, poseía el complejo puerto de La Luz, todos ellos útiles para el atraque.

Coetáneo a estos proyectos y realizaciones era el despegue comercial del puerto: la British and African Steam Navigation Co., la African Steam Ship Co., la Elder Dempter, la Royal Mail, la Castle Line o la Yeoward Brother; todas ellas compañías inglesas a las que se sumarían las francesas N. Paquet & Cie., o la Cie. Trasatlantique, la alemana Wöermann Line, las italianas Veloce y Navigazioni Generale, junto a las españolas Naviera Pinillos e Izquierdo y la Cía. Trasatlántica.

En el año 1968 cambió su primitivo nombre por el de Junta del Puerto de La Luz y de Las Palmas, como consecuencia de la nueva Ley de Puertos. En 1986 se trasfirió a las autoridades autonómicas el grupo de puertos menores y la nueva junta pasó a denominarse Junta de los Puertos del Estado en Las Palmas.

LA CIUDAD SE DESARROLLA

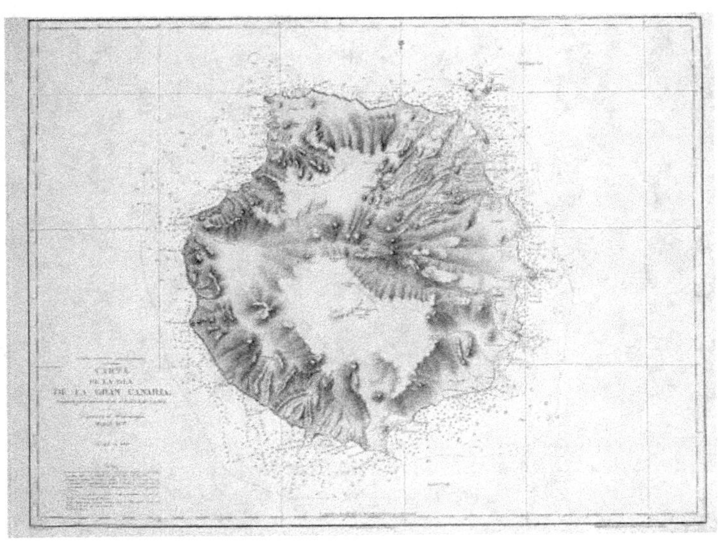

Celebración popular en el Club Náutico, en el muelle de Santa Catalina. Obsérvese la «P» que aparece en primer plano, rotulada como identificación de la lancha de un práctico del puerto de La Luz. (Archivo Fedac.)

HOY queda lejos aquel año 1900; ha transcurrido más de un siglo y caminamos con paso firme. En estos cien años la ciudad ha crecido sin parar, modernizándose y desarrollándose al compás de los nuevos tiempos. Eran tiempos de cambios y de crecimiento rápido de las industrias propias del puerto, que ya por entonces ejercía de locomotora económica de toda la isla, gracias a la atracción de capitales extranjeros, sobre todo británicos, y a los asentamientos de clanes familiares ingleses y escoceses, quienes formaban una incipiente burguesía insular.

El comercio como motor social iba a tener en el puerto su mayor acicate: así, obras como los depósitos comerciales, la instalación de la red telefónica, las estaciones para el suministro de carbón, la inauguración del alumbrado eléctrico (sustituyendo a las lámparas de gas), las fábricas de hielo, los molinos de gofio, los carpinteros de rivera, los talleres de torneros y las recientes y prósperas exportaciones de plátano, primero, y más tarde de tomates, hicieron posible que todo el entorno del puerto, ubicado en una primitiva y alejada zona dentro de un modelo de ciudad lineal, fuera aumentando y expandiéndose en auténticos distritos que lograron su condición de simples asentamientos para convertirse en barrios de importancia, como la Isleta, las Canteras, las Alcaravaneras, Guanarteme y nuestra *Garden City* o Ciudad Jardín, surgida al socaire de la iniciati-

Página portadilla.
Carta náutica de la isla
de Gran Canaria
fechado en 1855.
(Biblioteca Nacional.)

va empresarial anglosajona y hecha a imagen y semejanza de otras tantas ciudades coloniales. La presencia de hoteles, chalés, clubes privados e, incluso, una iglesia anglicana, hizo de esta parte de Las Palmas de Gran Canaria el lugar preferido por la nueva clase burguesa insular, que no tardó en instalarse allí, sustituyendo de forma paulatina a los colonos británicos.

Zonas limítrofes a las rubias arenas de las dos playas capitalinas por excelencia, las Canteras y las Alcaravaneras, atrajeron prontamente a familias que tenían en el puerto sus sustentos. Prácticos y comerciantes, entre otros, se afincaron, en medio de dunas, formando las primeras manzanas de casas y creando un nuevo estilo de edificación que tenía por denominador común orientar la fachada principal hacia el omnipresente Atlántico. Algo más tarde, se puso en boga el veraneo marítimo, y primero en casas de alquiler, y luego en edificios creados *ad hoc,* muchas familias del distrito central capitalino pasaron allí largas temporadas de estío.

Comenzaron por entonces las primeras edificaciones; cómo no, a cargo de las firmas inglesas: así se construyó el Seamen Institute, que venía a ser lo que hoy llamaríamos una ONG (organización no gubernamental). Su función principal era acoger y auxiliar a los marineros británicos que, por cualquier motivo, quedaban en la isla. No sólo se les atendía, ofreciéndoles alojamiento y comida, sino que tam-

La *Pepa*, el primer tranvía, en una fotografía de mediados de la década de 1890. (Archivo Fedac.)

bién se cubrían sus necesidades espirituales por medio de un grupo de misioneros protestantes. Este singular edificio fue destruido en 1952.

Otras obras destacables son el «hospital inglés» o Queen Victory y el Club Náutico: el primero, dedicado a atender a los enfermos británicos que desembarcaban con algún mal. Esta clínica trasladaría sus instalaciones, en el año 1966, al paseo de la Cornisa. En un principio, sólo era atendida por médicos de origen británico pero, con el tiempo, se fueron incorporando a su plantilla facultativos canarios, de los que cabe destacar, en nuestro recuerdo más entrañable, a don Antonio Roca Bosch.

El segundo de los edificios, el Club Náutico, se construyó en respuesta a la necesidad de una sociedad abatida espiritualmente por las pérdidas de las colonias americanas, que deseaba que sus jóvenes se aficionaran a los deportes náuticos propios de sociedades avanzadas, como la anglosajona, que iba imponiendo sus costumbres a medida que se afincaba en la isla, coincidiendo en la época con el auge de los deportes en general y los náuticos en particular. El padre del proyecto fue don Gustavo Navarro, fundador del periódico *La Provincia*.

Este precioso edificio era una construcción de estilo modernista que se encontraba situado a la entrada del muelle de Santa Catalina. Gran parte de su estructura descan-

La presencia de visitantes ingleses era creciente en la última década del siglo XIX. En la imagen un anuncio con motivo de la apertura del hotel Santa Catalina, en 1889.

SANTA CATALINA HOTEL,
GRAND CANARY.

The above splendid Hotel, now being erected by an English Company, from the Plans of an English Architect,

Will be OPENED for the ACCOMMODATION of VISITORS
FOR THE SEASON OF 1889-90.

The Hotel stands in its own grounds of about twenty acres, besides the sea-shore promenade, within ten minutes' walk of the Landing Stage.

Large Dining and Drawing Rooms, Ladies' Room, Reading and Writing, Billiard and Smoking Rooms, and of the seventy-five Bed and Sitting Rooms, some are arranged specially in suites for families.

EXCELLENT CUISINE & WINES, BOTH NATIVE & FOREIGN, SPECIALLY SELECTED.

HOT and COLD WATER BATHS,
Moderate Tariff and Special Terms for Families.
ENGLISH, FRENCH, AND SPANISH SPOKEN.

Fine roads; carriages, and horses for riding; beautiful sands, with capital sea-bathing and boating; tennis courts, &c., &c.
Resident English Physician.
English Church Service.
Constant direct communication with England, France, Germany, Italy (Genoa), and Spain. Steam communication between all the Islands. About one hundred steamers call at the Port every month.
Mails to and from England every two or three days.
Telegraphic communication with all parts.

Rooms can be seen, full information given, and rooms engaged by telegraph or otherwise, on application to

THE CANARY ISLANDS COMPANY, LTD.
1, LAURENCE POUNTNEY HILL, LONDON, E.C.

Arenales y castillo de Santa Catalina, hoy desaparecido, en la última década del siglo XIX, por donde atravesaba la carretera del puerto de La Luz a Las Palmas de Gran Canaria. (Archivo Fedac.)

La necesidad de habilitar vías terrestres impulsó la utilización de los más diversos recursos. En la imagen, una apisonadora construida en la década de 1920 con elementos recuperados de un tanque utilizado en la Primera Guerra Mundial. (Fotografía de Leopoldo Prieto, año 1927; archivo Fedac.)

saba sobre pilares a modo de palafitos, de tal forma que libraban al edificio de las subidas de las mareas. El edificio tenía su fachada principal orientada al naciente, donde arrancaba una preciosa terraza, de la que partían escalinatas que se adentraban en el mar. Su situación, a la entrada de un muelle comercial, no enturbiaba el ambiente señorial y de paz que en él se respiraba.

El propio rey Alfonso XIII quedó en apadrinarlo en su próxima visita a Gran Canaria, pero no pudo cumplir su promesa por causas que aún hoy se desconocen, pues quedaron como secreto oficial.

Por fortuna, este edificio fue salvado para el recuerdo por algunas fotografías y por una magnífica acuarela realizada por el fallecido pintor grancanario Elías Marrero.

En este mismo año 1910, don Laureano Arroyo, peninsular de nacimiento, que por motivos de salud quedó afincado en Gran Canaria y que llegaría a ser primer arquitecto municipal de la Diócesis Eclesiástica, proyectó, ejecutándose bajo su dirección, las obras del Mercado del Puerto, edificio de estilo modernista, al uso de las construcciones en hierro tan en boga en la Europa de finales del siglo XIX y principios del XX.

En el transcurso de este mismo año, el ingeniero don Juan de León y Castillo proyectó la primera línea ferroviaria. Ésta, en un principio, pretendía llegar por el norte hasta Arucas y por el sur hasta la rica zona platanera de Telde. Pero una vez más, las dificultades para encontrar financiación local fueron retrasando el proyecto hasta que quedó en el olvido. Se llegó incluso a contactar con algunas compañías francesas e inglesas y, curiosamente, quienes destacaban por su fe e ilusión en el futuro comercial de nuestro puerto y nuestra isla como despensa invernal de Europa no se decidieron a aportar los capitales necesarios para tan importante obra ferroviaria; aunque el objetivo principal de ésta era favorecer el traslado de fruta al puerto en óptimas condiciones, ya que hacerlo por las entonces tortuosas carreteras propiciaba que llegara tarde y averiada.

Esta necesidad no cubierta afectó, en las postrimerías de la Primera Guerra Mundial, a la proyección y realización de diferentes puertos o puertitos locales y comarcales, algunos de ellos con notable incidencia en el embarque de fruta para su traslado en barcazas hasta el puerto de La Luz, cumpliendo así una estimable función pública y privada.

De entre ellos, cabe destacar el de la aldea de San Nicolás de Tolentino, el de la playa de las Nieves, el puerto natural de Sardina de Gáldar, el puerto de Telde (en la playa de Melenara), el de Salinetas, más tarde el de Agüimes (en Arinaga), el de la playa de Mogán, el de Arguineguín y, por último, el embarcadero de punta Maspalomas,

La inexistencia de infraestructuras viarias hacía imprescindibles las caravanas de camellos como única alternativa para el transporte de fruta hasta la ciudad y el puerto. (Fotografía de Jordão da Luz Perestrello, entre 1900-1905; archivo Fedac.)

Panorámica de la Ciudad Jardín y de la bahía de las Palmas. En primer término, una mansión con su cancha de tenis, como exponente de la presencia de habitantes originarios del Reino Unido. (Fotografía cedida por Alejandro Santana Martín.)

Imagen de la calle Perdomo.
(Fotografía de E. Fernando
Baena, entre 1925-1928;
archivo Fedac.)

Calle de Triana, frente
al parque de San Telmo,
con el quiosco de música
en primer término, en
la primera mitad
de la década de 1920.
(Archivo Fedac.)

concebido en un principio para atender las necesidades de abastecimiento del faro y su farero, pero luego utilizado como un auténtico embarcadero para personas que, en barcazas, empleaban este medio para desplazarse hasta la capital. Hay que tener en cuenta que la posibilidad de que un médico pudiera atender a alguien en aquellas remotas tierras era casi impensable, por el tiempo que había que invertir en el trayecto por tierra, sin la existencia de carreteras definidas más allá del término de Juan Grande.

Curiosamente, no se construyó ningún puerto en la bahía natural de Gando, espléndido fondeadero protegido de los vientos reinantes del norte que fue usado, sin embargo, con asiduidad por los conquistadores. El puerto de Bañaderos, aunque proyectado, nunca llegó a construirse.

Estos pequeños puertos o embarcaderos fueron perdiendo importancia en su función, en la medida que se iban mejorando las comunicaciones por tierra, hasta quedar relegados para uso de los pescadores de la zona, en el mejor de los casos, y en otros, simplemente olvidados, llegando a desaparecer como consecuencia de la propia erosión marina. Por una parte, ello se debió al significativo avance que supuso el asfaltado de las carreteras y, por otra, sobre todo al final de la Primera Guerra Mundial, al hecho de que las compañías inglesas adquirieron grandes cantidades de material sobrante de la guerra, sobre todo motores de tanques y camiones que, una vez llegados a la isla, se transformaban adjuntándoles carrocerías de madera formadas básicamente por listones longitudinales que se sujetaban a otros verticales, dando así una relativa rigidez a la estructura. Estos originales camiones prestaron un servicio excepcional en el transporte de frutos: plátano y tomate, de forma destacada.

LOS HERMANOS LEÓN Y CASTILLO

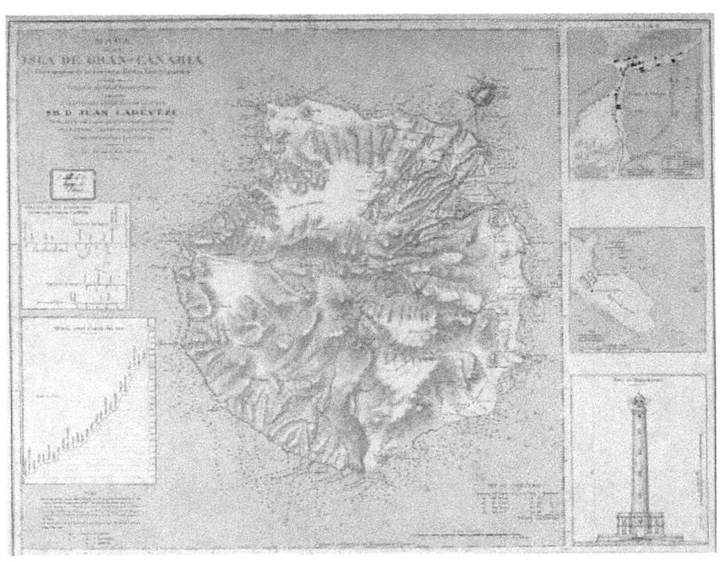

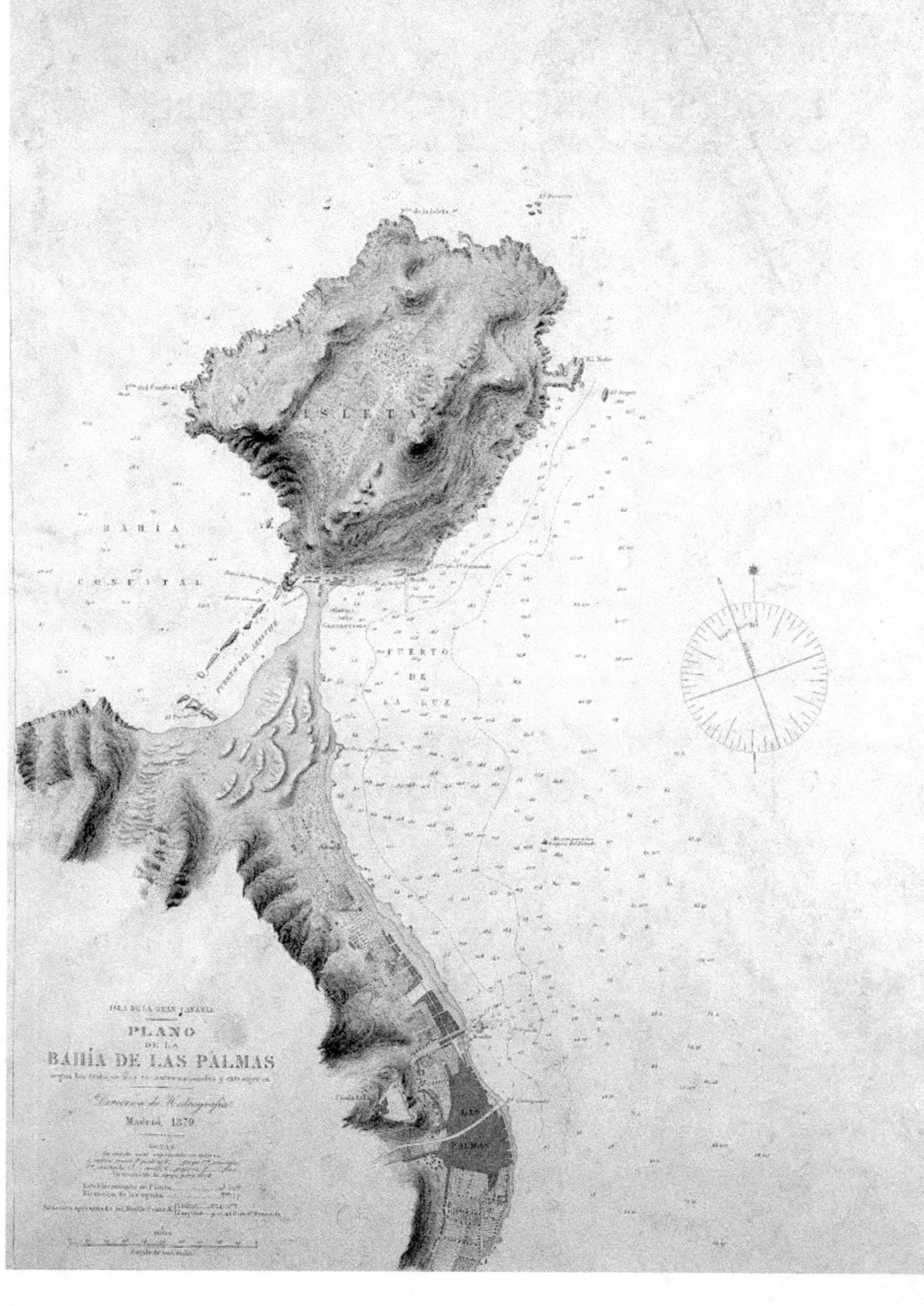
ISLA DE LA GRAN CANARIA
PLANO
DE LA
BAHÍA DE LAS PALMAS
según los trabajos mas recientes nacionales y extrangeros
Dirección de Hidrografía
Madrid, 1879
ISLETA
BAHÍA
CONFITAL
PUERTO DE LA LUZ
LAS PALMAS

GRAN Canaria ha destacado, a lo largo de la historia, como cuna de grandes hombres y auténticos patriotas, como lo fueron los hermanos León y Castillo, quienes con sus obras y diferentes actuaciones en los distintos ámbitos de la vida hicieron que el nombre de su isla sonara grande, no sólo al nombrarla, sino a través de la realidad palpable. A don Fernando León y Castillo se le admira y recuerda en esta tierra, principalmente por ser considerado el padre y promotor del pulmón económico y social de la isla: el «puerto de La Luz».

Pero ¿quién era en realidad este hombre?, admirado por unos y desmerecido por otros, considerado un héroe en algunos lugares y traidor en otros.

A este grancanario le tocó servir a su patria chica desde lejanas tierras, aunque nunca llegaría a olvidarla, llevándola siempre en lo más profundo de su corazón; hasta el extremo de dar buena prueba de ello en su propio testamento, en el que anunciaba a sus familiares la voluntad de que sus restos mortales fueran enterrados junto a los de su padre, en el cementerio católico de San Juan de Telde. Sin embargo, paradojas de la vida, como resultado de un acuerdo plenario del Ayuntamiento de Las Palmas tomado en días posteriores a su muerte, y con el beneplácito de sus familiares más próximos (hijo y esposa), hicieron que se adquiriera el compromiso político de considerar que un hijo

Juan de León y Castillo, en una imagen de los primeros años del siglo XX. (Fotografía de Luis Ojeda Pérez, entre 1900-1905; archivo Fedac.)

predilecto, que tanto lustro había dado a Gran Canaria, reposara eternamente en la propia Santa Iglesia Basílica Catedral de Canarias (Santa Ana), en la ciudad capital.

Don Fernando nació en la ciudad de Telde (Gran Canaria) un 30 de noviembre de 1842. Era hijo de don José María de León y Falcón y de doña Josefa del Castillo Olivares Falcón. Ambos pertenecían a la alta burguesía. Su padre, fiel a los cánones de la época, pensaba que el mayor de sus hijos, Juan, debía estudiar y labrarse un porvenir desarrollando una carrera universitaria, como así fue, pues se hizo ingeniero de Caminos, Canales y Puertos, destacando como el número uno de su promoción. Sin embargo, Fernando, al ser el segundo, estaba destinado a encargarse del negocio familiar, haciéndose responsable de los cultivos que poseía la familia en Telde.

La muerte repentina de su padre dejó huérfano al niño Fernando con sólo siete años. La noticia del fallecimiento la recibió cuando se encontraba en el prestigioso colegio de San Agustín de Las Palmas, regentado por el excelente político grancanario, que fuera alcalde capitalino, don Antonio López Botas, en compañía de un grupo de profesionales, los cariñosamente llamados «niños de la Laguna», pues fueron los primeros titulados de la universidad lagunera. Este colegio, donde reinaba la enseñanza siguiendo un modelo de corte liberal, se encontraba ubicado en el señorial barrio de Vegueta.

Este triste acontecimiento cambió, sin lugar a dudas, el rumbo que habían proyectado para la vida futura de don

Embarcadero del muelle de San Telmo en los primeros años del siglo XIX. (Fotografía de Charles Nanson, entre 1900-1905; archivo Fedac.)

Fernando. El mismo día del entierro, ante la tumba de su padre, se hizo la firme promesa de alcanzar la gloria y grandeza que por ser simplemente el hermano menor se le tenía vetada y, gracias al empeño de su madre, continuó su formación académica.

Terminados sus estudios secundarios se marchó a Madrid con la idea fija de estudiar Leyes. Allí pudo reencontrarse con su amigo de la infancia, don Benito Pérez Galdós, quien lo introdujo en los círculos culturales, junto a otros canarios ilustrados, como Fernández Herranz, Carballo Wangëmert, Plácido Samso, compañeros con los que pasaba grandes veladas tertulianas en el café Universal.

Pronto descubrió la importancia del Madrid de la época si se quería prosperar en política, y aunque su idea primitiva era estudiar leyes, carrera que culminó licenciándose en Derecho en 1866, cuando contaba con escasos veintitrés años, ya por entonces y gracias a sus distintas colaboraciones en publicaciones como *El Imparcial, Las Canarias* o *Revista de España,* plataformas desde las que pudo dar rienda a sus pensamientos y convicciones políticas, también dejó constancia de sus grandes dotes como orador, cualidad que le haría alcanzar la popularidad.

Esta facilidad para los discursos le venía dada desde sus tiempos de la niñez, en el colegio de San Agustín, donde ya despuntó con una maravillosa redacción que hiciera sobre Carlos V en Yuste.

Su nombramiento como socio corresponsal en Madrid de la Real Sociedad Económica de Amigos del País de Las Palmas y su homóloga, la de Santa Cruz de La Palma, dio mayor notoriedad y prestigio al por entonces joven abogado, quien, ejerciendo como tal había abierto su despacho sin gran éxito.

Al año siguiente ingresó en la Asociación Científica pronunciando una conferencia sobre el cristianismo y la abolición de la esclavitud, que le serviría como referente cuando fue nombrado Ministro de Ultramar y en ocasión de la superación del conflicto con Cuba.

Don Luis Doreste Silva (eterno y fiel colaborador de Fernando León y Castillo) confesaba la poca afición que don Fernando sentía por la escritura: «escribir con el dolor de un parto», solía decir. «Resulta llamativo –cuenta Luis Do-

Fernando de León y Castillo, en una imagen del último lustro del siglo XIX. (Fotografía de Luis Ojeda Pérez, entre 1895-1900; archivo Fedac.)

Retrato de Mercedes Retortillo, esposa de Fernando de León y Castillo.

reste– que, a pesar de los años vividos fuera de su isla y su condición de hombre cosmopolita, éste nunca perdiera el acento canario y que recurriera con frecuencia a giros idiomáticos puramente isleños, lo que le valió que sus colegas políticos peninsulares lo apodasen de forma cariñosa con el calificativo de "calma tropical".»

Don Fernando siempre ponía como ejemplo de entrega y rectitud a dos personas: su madre y su hermano Juan, quien, a pesar de estar enfermo, terminó la carrera de ingeniería con gran reconocimiento por parte de sus profesores. Don Fernando, influido posiblemente por los maestros de San Agustín, era un auténtico liberal convencido; sin embargo, despreciaba casi por sistema los movimientos de vanguardia del siglo XX. No le gustaba el modernismo y, refiriéndose al propio Rubén Darío (a quien dicho sea de paso, no soportaba), decía: «¿Cómo se puede hablar de un caballo verde, si yo nunca lo he visto?».

Su inquietud y afán de superación continua lo llevaron a asistir a clases especializadas en Estéticas, logrando en 1871 el título de bachiller en Artes por la Universidad Central de Madrid.

Su introducción en la política le vino de la mano de Eduardo Gasset y Artime, director de *El Imparcial,* quien le confió la misión de viajar a Canarias en calidad de estudiante que regresa a su tierra, cuando en realidad iba con

Concentración de automóviles en la zona portuaria, hacia finales de la década de 1920.

la misión de informar a los militares deportados, Serrano Dulce y Caballero Rodas, para perpetrar una conspiración política que terminaría con el destronamiento de la reina de España, Isabel II, consiguiendo que el 28 de septiembre ésta abandonara España rumbo a París.

Resulta sorprendente cómo, a pesar de haber sido un conspirador declarado, don Fernando siguiera manteniendo que el sistema monárquico constitucional era el menos malo de los sistemas políticos, hasta tal extremo que en Francia llegó a entablar una verdadera y sincera amistad con la reina Isabel, quien, al dirigirse a él en sus cartas, le daba tratamiento de «mi querido amigo...».

Con sólo veintisiete años, Fernando León y Castillo fue nombrado gobernador civil de Granada. Se integró de tal forma en aquella sociedad plena de revueltas y agitadores callejeros, a la que dirigió con mano férrea haciendo gala de dotes de mando, que los propios republicanos acudían encantados a participar en aquellas francas tertulias políticas que él mismo organizaba, donde la caballerosidad y el respeto por las distintas ideas brillaban con todo su esplendor.

Este comportamiento le dio fama en Madrid, lo que propició que después de una reunión secreta en el Ministerio de la Guerra, a la que fue llamado como invitado, se le otorgara el difícil cargo de gobernador civil de Valencia, con mando de procónsul. Al llegar a Valencia, y ante los posibles disturbios que podrían originarse a causa del atentado y la posterior muerte del general Prim, instó a los militares acuartelados a tomar los puntos estratégicos de la capital levantina. Posiblemente esta acción, mal interpretada por los progresistas que veían en él signos de un totalitarismo inaceptable, acarreó que cuatro meses después fuera destituido.

En el año 1872 obtuvo un escaño en el Parlamento, representando al distrito de Guía (Gran Canaria). Sus discursos en el Parlamento eran tan brillantes que pronto la prensa especializada le reconoció sus dotes de orador, elogiando el contenido y razonamiento de sus exposiciones.

Resulta en extremo irónico el hecho de que en unas Cortes republicanas existieran unos parlamentarios monárquicos, en un país que, recordemos, no tenía rey.

En 1868 fue nombrado consejero de la sección de lo contencioso del Consejo de Administración de las Islas Filipinas, puesto que ocupó hasta que fue nombrado subsecretario del Ministerio de Ultramar, lo que, unido a su gran amistad con José Luis Alvareda, ministro de Fomen-

El correillo *León y Castillo* en una imagen de 1910. (Fotografía de José Alonso García; archivo Fedac.)

to, se traduciría, de forma automática, en una auténtica bendición caída del cielo y que los grancanarios celebrarían por las cuantiosas cantidades de dinero que se destinaron a la construcción y desarrollo del puerto de La Luz, sin lugar a dudas el mayor éxito político obtenido por los hermanos León y Castillo a favor de Gran Canaria. Este hombre, que llegó a ser ministro varias veces (ministro de Ultramar en el gobierno liberal de 1881 y, más tarde, de la Gobernación), terminaría su carrera política como embajador de España en París, consagrando su reputación en toda Europa como diplomático, haciéndose insustituible en los momentos más críticos para la patria.

Su hermano Juan organizó el Partido Liberal Canario, que pronto adquiriría notoriedad en todo el archipiélago, frente a las constantes hostilidades de los políticos de Tenerife, disputándose la hegemonía provincial.

La relación entre los dos hermanos en la primera etapa era realmente estrecha. Los dos estaban profundamente identificados con los pensamientos y las metas por alcanzar el mayor progreso y bienestar para las islas, acometiéndose obras que cimentaron sólidamente el futuro del puerto de La Luz.

Por una parte don Juan proyectaba puertos, carreteras, faros, lazaretos y otras obras; y, por la otra, don Fernando recababa de los gobiernos concesiones, créditos y leyes favorables al desenvolvimiento de los intereses colectivos. Realmente fue una colaboración fecunda en bienes generales.

Pero he aquí que surgió la primera contrariedad, producto del comportamiento humano, que no perdona ni a los «elegidos», como es el caso de los personajes que nos ocupan. Don Salvador Cuyás y Prat, catalán de nacimiento pero canario de vocación y corazón, comerciante, consignatario del puerto de La Luz y, a la postre, amigo personal de los hermanos León y Castillo, lanzó la idea de erigir un monumento que perpetuara a sus nombres para que quedaran unidos a la obra del puerto. Tal idea acarreó la disconformidad del propio don Fernando, quien se opuso a compartir la gloria de la concesión del puerto por ser «hija predilecta suya», decía. Al parecer, envió una carta a su hermano donde le decía: «Ni tú ni yo hemos hecho nada que merezca el levantamiento de estatuas en vida». Como conse-

Retrato de Salvador Cuyás, comerciante y consignatario del puerto de La Luz (Grabado de Ediciones Cigarrillos Cumbre, 1956; archivo Fedac.)

Imagen de principios del siglo XX de una cantera en la Isleta, de la que se extraían materiales para la construcción del puerto.

cuencia inmediata de la actitud de don Fernando, don Juan renunció a la jefatura del partido, en 1891.

Con la crisis fraternal desapareció *El Liberal,* que tanto había alabado a don Juan, para, desde ahora, ser atacado despiadadamente desde el *Diario de Las Palmas,* que lo reemplazó. Don Juan de León y Castillo se retiró dignamente a su casa.

La historia, como jueza suprema de la vida, debe reconocer que cada uno tuvo su parte en la empresa del engrandecimiento de la tierra que los vio nacer con la construcción del puerto de La Luz. El ingeniero Juan lo proyectó, gestionó la subasta con una casa inglesa y dirigió las obras; mientras que el político Fernando obtuvo la concesión y el dinero necesarios para que esta idea se convirtiera en la realidad palpable de la que hoy disfrutamos todos los grancanarios.

EL PUERTO SE CONSOLIDA

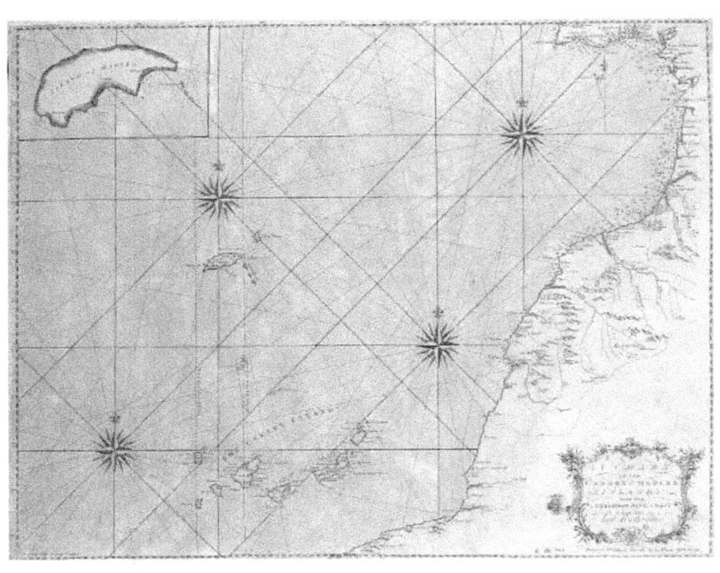

Estampa con barcos a vela y vapor en el puerto de La Luz, en los últimos años del siglo XIX.

En la primera década del recién estrenado siglo XX, el crecimiento del puerto de La Luz era ya imparable. Se convirtió en el primero del archipiélago canario y llegó a despachar en el año 1910 la cantidad de 800.000 toneladas de carbón.

La Compañía de Combustibles Oceánica poseía en el puerto un depósito flotante de carbón para el suministro de buques que destaca por su importancia y novedad de servicio. En los siguientes cuadros explicativos comprobaremos la imparable evolución que nuestro puerto experimentó desde sus primeros años, así como la comparación con alguno de los principales puertos del mundo, en cuanto a tonelaje y número de escalas.

En relación con los puertos españoles, basta indicar que el puerto de Barcelona, el más importante de la España peninsular, tenía un movimiento marítimo que no llegaba a la mitad del de Las Palmas.

En el cuadro estadístico 1 de la página siguiente se aprecia la evolución favorable que experimentó nuestro puerto en cuanto al número de buques que operaron desde 1883 hasta 1925. La fuerte caída de 1917 y de 1918 coincidió con la primera gran guerra europea.

En el cuadro 2 se aprecia el lugar que ocupaba el puerto de La Luz en la clasificación de los puertos europeos en el período que va desde 1920 hasta 1923.

Cuadro 1.
Evolución de las entradas de buques en el puerto de La Luz entre 1883 y 1925.

Cuadro 2.
Tráficos de mercancías en los principales puertos mundiales entre 1920 y 1923.

Son numerosas las familias que, procedentes de todo el ámbito insular, encontraron en el puerto su «Cuba soñada», aunque coincide con los años en los que la sequía, una vez más, obligó al agricultor isleño a abandonar los campos. Así dieron comienzo los grandes flujos migratorios, principalmente hacia Cuba y Puerto Rico.

En 1913 nuestro puerto alcanzó la cifra de 6.717 movimientos de buques, con más de 10.000.000 de toneladas de registro bruto. Y, lo que es más importante, La Luz, por su privilegiada situación geográfica y atractivas ofertas en lo que a un servicio de calidad se refiere, se convertía en escala oficial de todas aquellas grandes compañías extranjeras y nacionales que desde la vieja Europa se dirigían a América Latina y la costa occidental africana.

A estas alturas del siglo podríamos decir, sin miedo a equivocarnos, que no existía un marino en el mundo que no conociera la existencia y las bondades de nuestro querido puerto de La Luz.

En 1885 se incorporó un pequeño ferrocarril o tranvía, al que popularmente se le conocería como la *Pepa*. Se componía de una pequeña locomotora de vapor que tiraba de siete vagones y que unía la ciudad con el puerto.

Años más tarde se produciría una de las obras más importantes que daría fe de la modernidad que iba adquiriendo nuestra ciudad y nuestro puerto: la instalación, en 1910, del tranvía eléctrico que acabaría desplazando a la histórica *Pepa,* a la que el poeta Sergio Correa le cantara a modo de despedida:

«Tiene cuerpo de gusano
y sonar de pandereta
afinada como un timple
bailando llega la *Pepa*.

Por la calle de Triana
hasta el barrio de la Isleta
con andares femeninos
viene silbando la *Pepa*.

El Puerto quedó callado
ya no volvieron a verla
la dejaron sin vapor
muy quieta, callada y muerta.

De su paso por Las Palmas
borraron toda huella
dicen que se fue cantando
con el timple coplas bellas».

Este nuevo tranvía eléctrico arrancaba desde el noble barrio de Vegueta, en las proximidades de lo que hoy es la plaza de la Real Sociedad Económica de Amigos del País, atravesaba Triana y, después de una parada en el muelle de Santa Catalina, continuaba hasta el mismo puerto, en las inmediaciones del mercado. El tranvía dejó de prestar su inestimable servicio en 1936, a consecuencia de la escasez de combustible propiciado por la Guerra Civil española y, más tarde, por la Segunda Guerra Mundial. Retomó de nuevo sus bríos en el año 1943, quedando fuera de servicio definitivamente en 1947.

El edificio de la Junta de Obras del Puerto en el muelle de Santa Catalina, 1920-1925. (Archivo Fedac.)

Vista del muelle de Santa Catalina en 1911, con el tranvía circulando entre peatones y mercancías. (Fotografía de José Alonso García; archivo Fedac.)

Imagen del buque mixto de carga y pasaje *Miguel Martínez*, de Naviera Pinillos. Terminó sus días embarrancado en 1987 al norte de la isla de Fuerteventura.

La *Pepa*, circulando a la altura de la plaza de la Feria, frente a la Comandancia Militar de Marina, en 1940. (Archivo Fedac.)

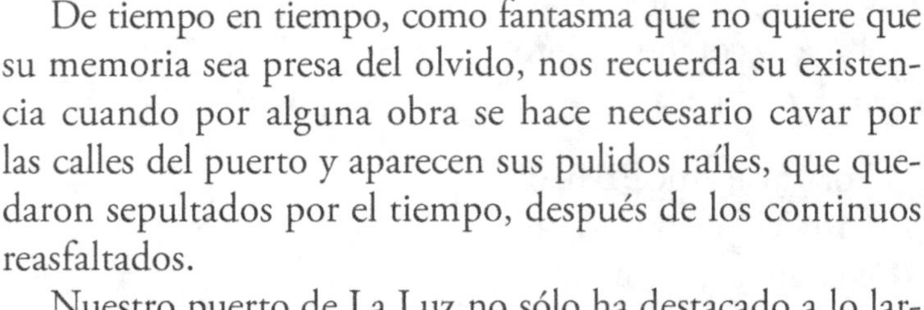

El dirigible alemán *Graff Zeppelín* sobrevolando el barrio de Vegueta. (Archivo Fedac.)

De tiempo en tiempo, como fantasma que no quiere que su memoria sea presa del olvido, nos recuerda su existencia cuando por alguna obra se hace necesario cavar por las calles del puerto y aparecen sus pulidos raíles, que quedaron sepultados por el tiempo, después de los continuos reasfaltados.

Nuestro puerto de La Luz no sólo ha destacado a lo largo de los siglos por los excelentes servicios prestados a la navegación marítima; también desempeñó un papel importante en la navegación aérea. Así, en la década de 1930, cuando las compañías de aviación establecieron sus líneas de hidroaviones uniendo Europa con América Latina y África Occidental, las tranquilas, cristalinas y resguardadas aguas de la bahía de las Isletas sirvieron como base de escala obligada para aquellos aparatos que necesitaban repostar y dar descanso a sus tripulaciones. En los primeros tiempos destacó la compañía alemana Lufthansa, que incorporaría a la línea aérea su famoso *Graff Zeppelin*.

El propio muelle de Nuestra Señora del Pino habilitó el lateral que mira al norte, denominado hoy Tren Naval, para atender a esta clase de aparatos, aunque apenas le dio tiempo a cumplir con su cometido, porque, como ya veremos más adelante, el Ministerio del Aire abandonó el lugar, toda vez que ya se operaba con mayor eficacia y seguridad con los otros tipos de aparatos convencionales en Gando (Telde) y en el aeródromo allí existente.

LOS PORTUARIOS

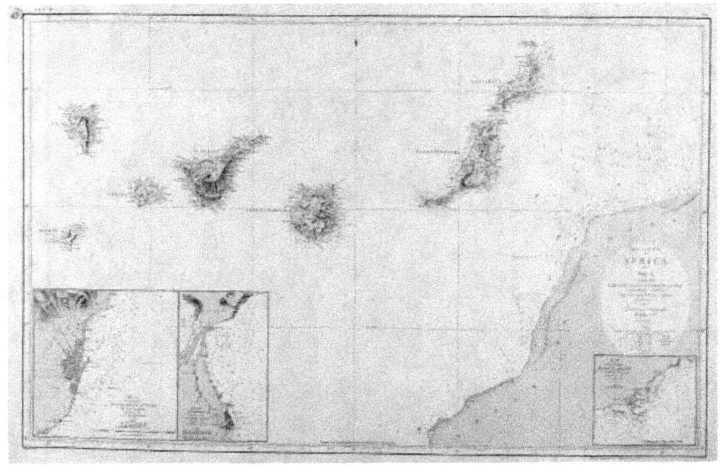

Carros y buques en el muelle de Santa Catalina, 1905-1910. (Archivo Fedac.)

COMO venimos observando, el puerto de La Luz ha cumplido a lo largo de su historia distintos cometidos, y siempre a plena satisfacción. Nuestro puerto puede presumir de ser el *alfa y omega* de la isla, hasta tal extremo que, como diría con mucho acierto mi entrañable amigo y maestro don Pedro Suárez Saavedra, presidente de la consignataria Hamilton y Cía., «una isla sin un puerto es un desierto».

No debemos obviar una realidad tangible. Este puerto debe, primero, su grandeza a Dios, por haberlo colocado en un lugar del mundo geográficamente privilegiado y, segundo, a los miles y miles de hombres y mujeres que a lo largo de la historia han hecho posible que, con su buen y honrado trabajo diario, nuestro querido puerto de La Luz haya sido y siga siendo faro de referencia en el mundo.

Los llamados «portuarios» han desempeñado, junto con otros trabajadores que conforman la gran familia del puerto, un papel importantísimo no siempre reconocido. Sería injusto e imperdonable que en una obra en la que se menciona parte de la historia del puerto no se hiciera este reconocimiento público a una estirpe de trabajadores de turnos que, generación tras generación, se ha ido amoldando al estilo de vida que el puerto le iba demandando, convirtiéndose, así, en un apéndice imprescindible para el mismo.

Página portadilla.
Carta náutica de las Islas Canarias, editado en 1867.
(Biblioteca Nacional.)

Trabajadores portuarios en el muelle Grande, en 1909. (Archivo Fedac.)

El joven poeta grancanario Luis Antonio González Pérez compuso estos versos en el año 2005, como apoyo al proyecto de recuperación del antiguo edificio de la OTP, actualmente sede de la comisaría de la Policía Nacional del Puerto, para destinarlo a fines socioculturales:

Descarga de graneles y ensacado de los mismos para su transporte. (Archivo Autoridad Portuaria de Las Palmas.)

«Árida expresión gris de todas las visiones,
orillas de hormigón que se clavan en las mareas altas,
en los párpados,
y en la pleamar cansada de tus manos
punzan como surcos de sal los días.

Tu vida, entre buques tintados de bronce y tiempo,
brazos del mundo que transportan mundo
a un horizonte temprano,
hiriente y falso a veces, con reflejos de promesas.

Qué no habrás visto tú, portuario,
qué no te habrá enseñado con el trasiego de las olas,
el libro que se escribe, diariamente, frente a tus ojos.

Todos los días
la ciudad todavía duerme
y tú ya estás abriendo la mañana
con tu cansancio.

Qué no vas a merecerte tú,
que tanto das y tanto eres,
que tanto supones para esta isla».

Transporte de plátanos en la caja de un camión.

Es de justicia reconocer y recordar que, en tiempos de la carga negra y en momentos duros, tuvieron que arrimar el hombro: lo hicieron con la misma intensidad, honradez y amor por su puerto que cuando se oponían a que alguna ley abusiva (desde sus puntos de vista) intentara mermar los derechos que, como trabajadores, les garantizaba nuestra Carta Magna.

El hombre portuario de La Luz impregna su vida y familia de ambiente de puerto. Cuando en el clan familiar existe un portuario, todos en casa respiran, sienten y viven el muelle como parte de ellos mismos; parece como si unos genes dominantes les estuvieran recordando siempre que pertenecen a ese puerto que, día tras día, les da la bienvenida. Ser portuario o hijo de portuario es un orgullo para estos hombres, también de mar.

Carga de sacos en un camión mediante una banda transportadora mecánica. (Archivo Autoridad Portuaria de Las Palmas.)

Esta vinculación simbiótica llega a tal extremo que, desgraciadamente, a veces han tenido que pagar con el tributo de vidas humanas la defensa de sus intereses que, en definitiva, no son otros que los del mismo puerto, como ocurrió en aquella primera manifestación que tuvo lugar el 15 de noviembre de 1911 y que se saldó con seis muertos por los disparos de la Guardia Civil.

Valgan estas líneas como recuerdo y modesto homenaje a todos aquellos valientes trabajadores, pero muy especialmente, a una extraordinaria niña, hija de portuario, que el 25 de julio de 1980 murió, tras ser atropellada durante una manifestación de los estibadores. En el mismo

Trabajadores portuarios cargando huacales de plátanos en el muelle de Santa Catalina, 1920-1925. (Archivo Fedac.)

lugar donde ocurrieron los trágicos y desgraciados hechos, hoy se levanta una plaza que con un monumento en forma de faro lleva su nombre: plaza de Belén María. Seguro que ella, desde aquella estrella que tanto brilla con una inmaculada luz cálida que en las noches se derrama sobre la bahía de las Isletas, junto al Todopoderoso vela, en todo momento, por el progreso de nuestro puerto y el bienestar de sus gentes. Belén María siempre estará presente en los corazones de los que amamos a nuestro puerto de La Luz.

En los primeros años del siglo XX nacieron las primeras organizaciones de trabajadores encaminadas a reivindicar mejoras sociales y económicas.

Un gran hombre, el abogado grancanario José Franchy Roca, fiel a su pensamiento liberal que lo llevaría a fundar el partido republicano Federal Canario, mantuvo su ideario de separar lo puramente político de la Administración pública, criticando los favoritismos y caciquismos tan propios de la época, auténtica lacra de nuestro puerto.

José Franchy promovió una reforma fiscal que iba más allá de la propia Ley de Puertos Francos, pues pretendía la abolición absoluta de los gravámenes y tasas de todas

Labores de estiba en el muelle de Santa Catalina. (Fotografía de E. Fernando Baena, 1925-1930; archivo Fedac.)

aquellas mercaderías de importación que fueran indispensables para la vida de las personas.

Defendía salarios más justos y seguridad para aquellos hombres que hacían una tarea que proporcionaba grandes beneficios a las industrias portuarias con el duro trabajo que imponían las condiciones de entonces.

Rápidamente se formaron las primeras asociaciones de obreros. Así, se constituyeron las de la carga blanca y la de los cargadores del carbón o carga negra.

En el año 1912 los portuarios del carbón construyeron la primera sede o Casa del Pueblo, que fue destruida en el tristemente recordado año 1936.

La Guerra Civil española y, más tarde, la Segunda Guerra Mundial, en la que el Gobierno español intentó mantener una difícil neutralidad, supuso para todos los sectores, y muy especialmente los relacionados con nuestro puerto, un auténtico parón económico y social.

Con el nuevo régimen desaparecieron todo tipo de reglamentos y libertades sindicales. Como consecuencia, la nueva regulación de los trabajos portuarios tuvo su origen en nuestro país en septiembre de 1936 con la promulgación del Reglamento Nacional del Trabajo y bajo

Descarga de un buque
en la década de 1930.
(Archivo Fedac.)

Retrato de Franchy Roca.
(Fotografía de
Teodoro Maisch, 1926;
archivo Fedac.)

control de los nuevos sindicatos de corte fascista. De esta manera en cada puerto se creó un Servicio Sindical de Puerto. Los principios de esta regulación estatal permanecieron inalterables hasta 1968.

En el mes de febrero de 1944 se creó la Sección Central de Trabajos Portuarios, encargada de aplicar una política común al sector de la estiba y desestiba del puerto y al mismo tiempo ejercer un control social de las diferentes secciones locales. Más tarde, en diciembre de ese mismo año, se organizó el Servicio de Trabajos Portuarios para agrupar en un solo organismo a la sección central.

Con el cambio de régimen político y la llegada de la democracia se fue reformando y quedando para la historia todo viejo vestigio de organización piramidal de corte autoritario, y el puerto y sus organismos no podían ser la excepción; así que el 27 de abril de 1987 y como necesidad imperiosa de una reforma en el sistema de trabajos en los puertos, se creó la Sociedad Estatal de Estiba y Desestiba del Puerto de La Luz y Las Palmas, SA, aunque el desarrollo de su actividad no comenzó hasta el 1 de octubre del año siguiente.

Esta nueva sociedad semipública quedó participada en un 51 % por el Estado a través de la propia autoridad portuaria y un 49 % por las empresas estibadoras locales de titularidad privada.

Si empleáramos más tiempo en hablar de cada uno de los colectivos de trabajadores que vinculan su actividad profesional a nuestro puerto, no exageraría al afirmar que este libro se haría interminable. Por ello, intencionadamente y, sobre todo, por miedo a que se me quede alguno en la desmemoria, no daré nombres propios, solamente añadiré que al ser el puerto de La Luz una especie de Estado dentro de otro Estado, todas las profesiones y los trabajos tuvieron cabida en él.

LOS CAMBULLONEROS

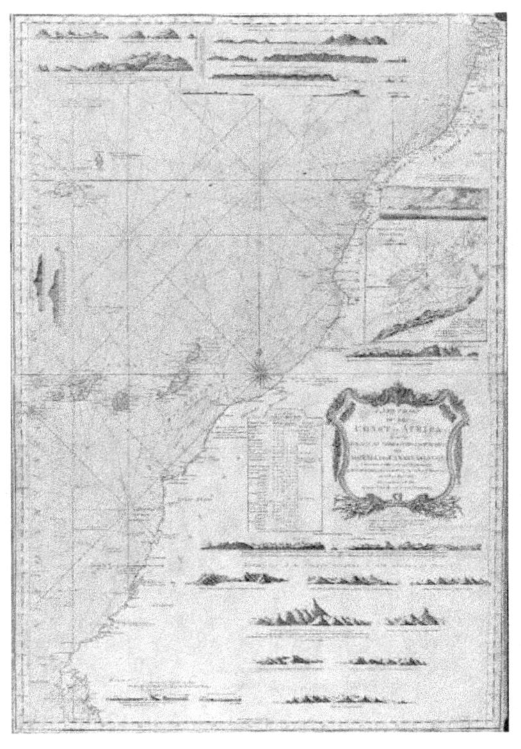

Estampa de la plaza, los tinglados y la pescadería.
(Fotografía de Jordão da Luz Perestrello, 1900-1905; archivo Fedac.)

Tras lo expuesto en el capítulo dedicado a los trabajadores portuarios, mi romanticismo no me permite ciertas
licencias, como pasar por alto una peculiaridad que hace
único en el mundo a nuestro puerto de La Luz. A pesar de
que fue de vital importancia para tantas y tantas familias
residentes principalmente en el Sanapú, rincón del litoral
portuario hoy desaparecido, y del popular barrio de la
Isleta, no ha podido sobrevivir a nuestros días. Nos referimos, cómo no, a los «cambulloneros», auténtico oficio
porteño que tiene sus orígenes allá por la década de 1920,
cuando la escasez de todo tipo de productos que no fueran
propios de la isla era la tónica común.

El término «cambullonero» procede de la expresión
inglesa *come buy on,* que en castellano traduciríamos como
«ven a comprar», y que se convirtió para nuestros paisanos
en la más simplificada «cambullón». Si acudiésemos al
diccionario de nuestra Real Academia Española para buscar este vocablo, nos decepcionaría cómo lo define: «enre-
do, cambalache de mal género, cosas hechas con engaños
y malicia»…; haciendo que la realidad diste mucho de las
definiciones que tan alegremente dan los eruditos académi-
cos sobre las personas que ejercían tan noble trabajo.

Nuestra folclórica más universal, Mari Sánchez, con su
conjunto musical Los Bandamas, popularizó y paseó por el
mundo, muy especialmente por América Latina, el nom-

bre de «cambullonero» con una de sus canciones, titulada precisamente así.

Estos vendedores marítimos eran capaces de ofrecer en trueque desde un pájaro canario, pasando por un timple, hasta una mantelería calada confeccionada por expertas manos de artesanas de Ingenio; además de penicilina, latas de carne, leche en polvo, tabaco rubio y hasta máquinas de fotografiar de la marca alemana Leika. En fin, todo valía, y lo más importante era que lo que no fuera capaz de conseguir un «cambullonero» era, simplemente, porque no existía. Como diría un buen amigo mío, cambullonero él, «eso no lo busque, porque si no lo conozco yo, es que aún no se ha inventado».

Existía entre ellos un auténtico código de honor no escrito, aunque respetado, de tal manera que nunca se interferían en sus especialidades, tales como los *fruteros,* que vendían o cambiaban fruta del país, los *pajareros,* que tanto éxito tenían entre las tripulaciones y los *chonis* –de los que más adelante contaremos una graciosa anécdota–, los *tratistas,* especializados en la compra de objetos propios del barco, como alambre, cabos, pinturas, encerados y hasta algún que otro sextante por encargo de un coleccionista. El cumplimiento de la norma de honor incluía a los barcos donde normalmente operaban según la especialidad, que, como hemos visto, las había bien variadas

Calle Juan Rejón, una de las más transitadas de la ciudad en la década de 1920. (Archivo Fedac.)

La actividad económica
de la isla, desde las
primeras décadas
del siglo XX, hizo posible
la construcción de
residencias dedicadas
a las temporadas
de veraneo. En la imagen,
una casa típica de veraneo
en la playa de las Canteras.
(Fotografía de
José Alonso García,
año 1900; archivo Fedac.)

dentro del oficio, aunque todos ellos estaban avalados por el *bombista,* que, de alguna manera, ejercía cierta autoridad ante los capitanes de los barcos, quienes por medio de él autorizaban al resto para que subiera a bordo y ejerciera el oficio, al mismo tiempo que mantenían relaciones mercantiles directas con el consignatario.

Estos barcos, junto a sus compañías navieras, eran rebautizados con distintos nombres: los *Castles* de la Union Castle Lines, los *Cristos* de la Houlder Brothers (que llevaban como insignia una cruz blanca en sus chimeneas), los *Paquetes* de la Elder Dempter, los *Colorados* (llamados así por su color rojo oscuro) de la Bullar King Line, los *Muchas Plumas* pertenecientes a la Alfred Hot y Cía. (denominados así por la cantidad de puntales que ofrecían sus bodegas), los del *Ancla* pertenecientes a la Anchor Line (que como distintivo portaban un ancla en sus costados), los *Yowa* (buques dedicados a la carga de fruta y pasaje, que llegaron a operar en el muelle de Nuestra Señora del Pino, hoy base naval o arsenal —muelle al que dedicaremos una mención especial más adelante—), los *Piononos* pertenecientes a la compañía

Marineros y contramaestre de un buque, en la década de 1960. (Archivo Fedac.)

Pionar Peninsular Oriental Line, los *Reventones* (encargados del transporte de la fruta al Reino Unido) que pertenecían a la compañía Fyffes Line (uno de sus buques se llamaba, precisamente *Reventazo*, y de ahí le viene el apodo a los demás), los *Malareales* de Royal Mail, los *Torises* de Tor Line, antigua Fred Olsen… Y así hasta una cuarentena de sobrenombres que estos avispados y entrañables personajes iban dando a todos aquellos buques que frecuentaban, de forma más o menos periódica, nuestro puerto de La Luz.

Ya hemos dicho que los llamados «cambulloneros» eran hombres hechos de una pasta especial; afirmación que puedo demostrar a través de dos historias reales: una que escuché aún siendo muy pequeño a mi difunto padre y que contaré en breve (no sin antes disculparme porque, aunque conocía los nombres de los protagonistas, han pasado tantos años que mi disco duro no me permite el acceso a ese dato, que yo sabré suplir con nombres ficticios); y la segunda narrada por mi entrañable amigo Narciso Díaz Casanova, hombre de reconocido prestigio en el sector y vinculado al puerto desde su más tierna infancia (no en vano es hijo de un cambullonero «bombista»); entró a trabajar desde muy joven en la prestigiosa casa Miller, donde llegó a ocupar el puesto de director de dicha consignataria de Grupo Boluda Corporación Marítima.

Juanito, el del Valle de los Nueve, en Telde, tenía una hija de corta edad que había enfermado de tuberculosis, terrible mal que por aquel entonces hacía estragos en nuestra isla. La única receta para la curación era, por una parte, la Providencia y, por otra, la comida sana, abundante, y mucho reposo, condiciones estas últimas que resultaban de muy difícil aplicación debido a los momentos históricos que atravesaba toda Europa, recién salida de una guerra, y, en particular, para el hombre del campo canario, que soportaba años de sequía. Si a esto añadimos que en aquel tiempo estaba mal visto que se aislara a los enfermos porque el párroco de turno podría tachar a la familia de falta de caridad cristiana, tal medida hacía que donde entraba el mal arrasara literalmente gran parte de la familia.

Nuestro hombre, en su desespero, vino a pedir ayuda a mi padre, Luis González Pérez, quien no pudo hacer otra cosa por aquel desgraciado que recomendarlo por medio de

Vista de la marquesina del muelle de Santa Catalina, en la década de 1920. (Archivo Fedac.)

una carta a un amigo cambullonero, convencido de que los de esta profesión eran los únicos que podían obtener la famosa «penicilina», descubierta por el doctor Fleming en 1929 y que ya en 1940 había sido probada con éxito en Estados Unidos. Por supuesto que en 1943, fecha de nuestra historia, éste era un artículo que, aunque conocido, resultaba casi imposible de ser hallado y adquirido para las clases humildes. Pero mi padre recordó aquella máxima que tenía su amigo cambullonero: «si no lo puedo conseguir, es que no existe», así que, sin pensárselo dos veces, le escribió la siguiente nota:

«Estimado [...], espero que al recibo de ésta te encuentres bien de salud. El portador de la presente es un conocido mío de aquí de Telde al que tengo en gran aprecio y estima, pues conozco a su familia y a él desde siempre.

»Es un honrado agricultor que mantiene a su familia de lo que malamente le puede sacar a la tierra en estos duros años de sequía.

»La tuberculosis se ha llevado a su esposa hace unos

Ambrosio Díaz Casanova (1904-1978), cambullonero *bombista* y árbitro de fútbol, padre de Narciso Díaz Casanova, consejero del Grupo Boluda. Ambrosio Díaz fue el primero en arbitrar un partido de fútbol en el estadio insular en Ciudad Jardín, actuando padrinos la esposa del conocido industrial tabacalero Eufemiano Fuentes y el Marqués de la Florida.

meses y ahora su hija menor también da síntomas de la terrible enfermedad.

»Desesperado, ha acudido a mí por si pudiera conseguirle penicilina en mi reciente viaje que, por negocios, haré próximamente a Barcelona.

»Como te dije, no posee más riqueza que la que le da la tierra, así que no podrá pagarte hasta que recoja las papas y pueda hacerlo en especie.

»De su honradez doy fe, ya que es cliente de mi tienda de tejidos, le vendo de fiado y siempre ha cumplido con el pago.

»Espero que lo atiendas como tú sólo sabes hacerlo y, si estuviera en tus manos, le proporciones la medicina».

Mi padre había advertido a Juanito de que se iba a encontrar con un hombre rudo, moreno y con cara de pocos amigos, pero que no lo juzgara por su aspecto, ya que, a pesar de ello, tenía un gran corazón y estaba seguro de que no lo iba a dejar en la estacada.

Nuestro Juanito se presentó con la carta ante aquel hombre y, como le había indicado mi padre, pudo observar que tenía cara de todo menos de santo. Después de leerla y sin mediar palabra le dijo con voz ronca: «¡Vaya mañana por la mañana al bar Manolo, en el puerto, a buscar el paquete!». Dicho y hecho, allí estaba la caja con la suficiente penicilina que permitiría al doctor don Juan Castro curar a aquella criatura.

Como le había prometido Juanito, tan pronto recogió su cosecha fue a buscar de nuevo a nuestro cambullonero para transmitirle la feliz noticia y, al mismo tiempo, pactar cuántos sacos quería en pago por la penicilina. Aquel hombre rudo y con cara de malas pulgas no cambió ni un solo milímetro la expresión de su cara mientras Juanito le relataba lo feliz que lo había hecho el poder salvar a su hija menor. Cuando insistió en el pago, éste le contestó, con aquella voz ronca, sin alterarse ni expresar ningún gesto de emoción: «Pues… ¡carajo!, ¿no me dice usted, cristiano, que su hija se curó?». Se mantuvo un segundo en silencio para luego exclamar: «¡Con eso ya me doy por pagado! ¡Ah!, y dé recuerdos a don Luis González, que hace tiempo que no lo veo!». A continuación, y sin ni siquiera extender la mano para despedirse, dio media vuelta y, volviendo a encen-

El puerto siempre ha generado un entorno de actividad comercial y económica. En la imagen, mercado del Puerto, en la calle Albareda. (Fotografía de Juan García, año 1934; archivo Fedac.)

der con su mechero «el martillo» el cigarro Mecánico Blanco (marca de cigarrillos muy popular en la época) que apuraba entre sus labios, se retiró, caminando medio «escorado a estribor» (tumbado a la derecha) hacia el muelle de Santa Catalina. «Adiós, amigo, nunca lo olvidaré», exclamó Juanito. No hubo respuesta, ni falta que hacía, porque seguro que ya el Todopoderoso le habrá pagado, acogiéndolo en su seno.

Este derroche de humanidad que caracteriza a nuestros hombres del puerto no los exime de poseer otra de las cualidades propias de nuestras latitudes: la picaresca, que, como tal, conlleva una carga de humor porteño que convierte lo aparentemente no deseable en aceptable por *artístico.*

Cuando se trataba de vender pájaros canarios, principalmente los de pura raza, el cambullonero los adquiría en el hospital de San Lázaro, sito en la calle Sor Brígida Castelló, donde los leprosos se dedicaban a la cría.

Los «lazarillos» vendían la totalidad de las crías de cana-

Federico Santana Suárez (1926-1992), cambullonero, padre de Federico Santana Sosa, director de Nenufar Shipping, SA (Grupo Boluda), en Las Palmas.

Monumento erigido en homenaje a los cambulloneros del puerto de La Luz.

rios, que solían formar partidas de más o menos sesenta animalitos, «a jecho» o, lo que es lo mismo, sin discriminar a machos y hembras, a un precio previamente acordado por unidad. Como es bien sabido, los pájaros a los que tanta fama les ha dado su canto son machos, por lo que el riesgo de recibir más hembras que varones quedaba para el cambullonero.

Junto con los pájaros, también adquirían las jaulas, confeccionadas con cañas por los mismos enfermos residentes.

Estos cambulloneros pajareros tenían unas aves bien preparadas para el cante que mostraban a los tripulantes y pasajeros de los barcos, quienes quedaban maravillados de lo bien y dulce que cantaba el animalito. Por ello, muchos *chonis* (sobrenombre con que cariñosamente eran llamados todos los extranjeros), admirados ante la capacidad cantora de estos canarios, los adquirían sin dudar, a un buen precio, para satisfacción de su vendedor, que aprovechaba el momento en que el tripulante o pasajero iba a su camarote a buscar el dinero o las latas de conservas que le servían para el trueque para, así, darle el cambiazo. Pero aquí no termina la habilidad picaresca de estos cambulloneros; cuando el barco regresaba a nuestro puerto, después del mes de travesía, y el comprador le manifestaba su preocupación porque el pajarito no cantaba, nuestro hombre lo justificaba diciéndole que, seguramente, «el animalito había extrañado el lugar» y que tenía *magua;* en consecuencia, estaba amurriado. Ante tan docta explicación, el *choni* se sentía hasta culpable, pero nuestro cambullonero se las agenciaba para perdonarle y aprovechando las circunstancias… ¡le vendía otro pájaro!

Después de los casos expuestos, ¿no cree el amable lector que el diccionario de la Real Academia Española ha errado en sus definiciones?

LA BASE NAVAL

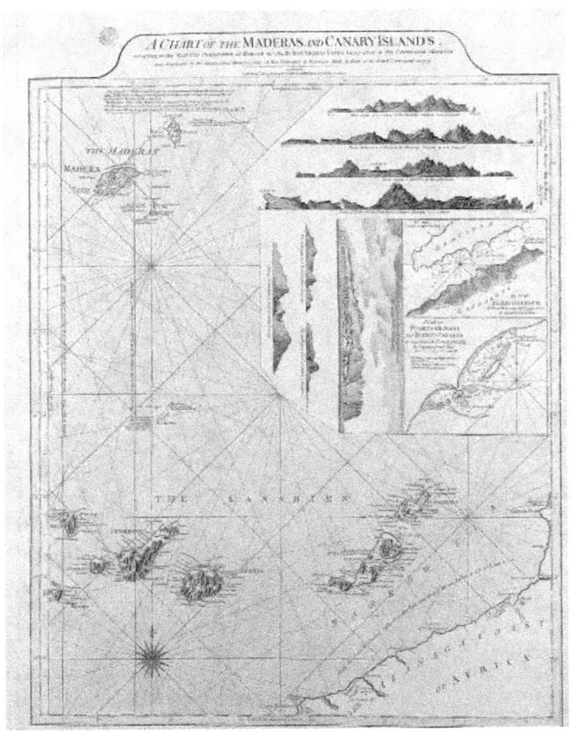

Camiones de la compañía Fiffes Ltd. para el transporte de fruta,
a finales de la década de 1920.
(Fotografía de Teodoro Maisch; archivo Fedac.)

Una de las características del puerto de La Luz ha sido su simbiosis con la ciudad y sus gentes. No se concibe el puerto sin la ciudad, ni la ciudad sin el puerto. Cuando hubo que arrimar el hombro, económicamente hablando, o colaborar con la defensa de la patria, a nuestro puerto, a la ciudad y a su gente les faltó tiempo para dar un paso al frente. Un claro ejemplo lo tenemos en el muelle de Nuestra Señora del Pino, convertido hoy en base naval. Su historia como muelle comienza en los años veinte del pasado siglo XX con un grupo de exportadores fruteros encabezado por don Camino Martinón (dueño de la concesión), don Pedro Suárez Cárdenes, las empresas de Bruno Naranjo, Hijos de don Diego Betancor, Casa Yeoward y algunos otros cosecheros de la isla. Estos exportadores tuvieron la extraordinaria visión futurista de construir un muelle frutero que ofreciera mayores comodidades con objeto de garantizar la mejor calidad para el embarque de sus productos, que desde que se cortaba la fruta en su lugar de origen, pueblos y ciudades más o menos distantes, hasta que llegaban a los muelles, soportaban unas destartaladas carreteras o pistas de tierra y, ya en la ciudad hasta llegar al muelle Grande, tenían que atravesar las no menos concurridas y maltrechas calles de Juan Rejón y Albareda.

El lugar elegido fue donde hoy se ubica la base naval o arsenal. Allí se encontraba la estación del tranvía, el

Castillo de Santa Catalina, situado junto al lugar donde hoy se ubica la base naval. (Fotografía de Teodoro Maisch, 1925; archivo Fedac.)

Página portadilla.
Carta náutica de las Islas Canarias y de la isla de Madeira, publicada en Londres en 1769. (Biblioteca Nacional.)

Las carreteras del sur eran
un notable exponente
del mal estado de la red
viaria en Gran Canaria.
(Fotografía del propietario
de Electro Moderno, 1935;
archivo Fedac.)

castillo de Santa Catalina y la casa Martinón. El resto, lindando con el mar, era arrecife *lávico* que comenzó a cubrirse con la tierra que transportaban los mismos camiones utilizados para el traslado de la fruta.

Como curiosidad, destacaremos que en aquel incipiente muelle (que en esas fechas no pasaba de ser más que una explanada de tierra que se iba asentando, con el propio tráfico de los camiones) llegaron a atracar varios barcos fruteros de la compañía Yeoward, que no sólo transportaba fruta y mercancía general al Reino Unido, sino que, al ser buques mixtos, traían grupos de diez turistas o *chonis* que pasaban la semana —tiempo que duraban normalmente las operaciones de carga y descarga— en un hotelito que existía en la playa de las Canteras, que con el tiempo llegó a ser sede de la Comandancia de Marina del Puerto. Posiblemente, éstos fueron los primeros «turistas puros» que visitaran Gran Canaria en esa condición.

En el tristemente recordado año 1936, en plena Guerra Civil española, las autoridades militares conocidas como «los nacionales» tomaron el lugar para utilizarlo como explanada donde ubicar los transportes (automóviles y camiones) que se requisaban o entregaban de forma voluntaria a «la causa del Movimiento». Terminada la Guerra Civil, la Junta de Obras del Puerto, con objeto de terminar las obras interrumpidas por la contienda, solicitó un préstamo al Banco de Crédito Industrial. En 1940 estallaba la Segunda Guerra Mundial y nuestras islas, en general, y el puerto de La Luz, en particular, se ofrecían en perspectiva como territorios clave para servir de base logística a la contienda. Al mismo tiempo, la difícil neutralidad de España estaba permitiendo que este puerto sirviera de base de aprovisionamiento para los submarinos germanos que perseguían a los barcos del bando aliado que desde el África del Sur, principalmente, o de América del Sur, traían provisiones al continente europeo.

A raíz de lo expuesto, el Gobierno alemán advirtió al español de una más que posible invasión por parte del Reino Unido; invasión ésta que los alemanes intentaron abortar a través de la operación Félix.

Con el fin de fortificar en lo posible nuestras islas, se acometieron una serie de acciones en distintas partes del territorio, muy especialmente en las playas susceptibles de ser utilizadas para un desembarco. Así, se construyeron nidos de ametralladoras con planos del ejército alemán, nidos o búnkeres, que aún perduran en alguna de nuestras playas y que, paradojas de la vida, sirvieron años más tarde como «nidito de amor» de no pocas parejas que, buscando la soledad donde compartir sus emociones juveniles, encontraban en estos lugares, normalmente apartados y solitarios, el más entrañable de los parajes terrestres.

En aquellos momentos de la historia se suscitó la necesidad de crear una base aeronaval y, en consecuencia, a finales de 1940 el Gobierno Militar envió a la Junta de Obras del Puerto el siguiente radiotelegrama:

«Comunicado n.º 137. Las Palmas de Gran Canaria, 6 de diciembre de 1940.

»Para el señor ingeniero director de la Junta de Obras del Puerto de Las Palmas de Gran Canaria y Puerto de La Luz.

»Asunto: ocupación del muelle de Nuestra Sra. del Pino por el Ministerio de Marina.

»Referencia: radio urgente del Ministerio de Marina, 13 horas de ayer.

»1.º El Excmo. Sr. Ministro de Marina, en radio urgente de 13 horas de ayer, dice, entre otras cosas, lo siguiente:

»Proceda V. E. ocupación muelle Nuestra Sra. del Pino y explanada del mismo hasta primera alineación, según acuerdo con Aviación.

»2.º Ruego a V. S. se digne disponer el cumplimiento de las formalidades legales que exige dicha ocupación.

Hidroavión *Dornier* amerizado en la bahía de la Isleta, en una fotografía de 1931. (Archivo Fedac.)

Reparación del hidroala *Dornier* en tierra, 1931. (Archivo Fedac.)

Vista aérea de la base naval
(en primer término) y el
muelle de Santa Catalina.
Al fondo, la Isleta.
(Archivo Autoridad
Portuaria de Las Palmas.)

»Dios guarde a V. S. muchos años.
»El contralmirante comandante naval de Canarias.
»Firmado: Alfonso Arriaga».

Más tarde se levantaría un acta de entrega provisional al Ministerio de Marina, en virtud de la orden telefónica de la ilustrísima Dirección General de Puertos y Señales Marítimas, donde, entre otros puntos, el sexto dice: «El vicepresidente de la Junta de Obras, representante de la misma, manifiesta que la entrega provisional que se efectúa no implica la renuncia de la compensación a la que la Junta aspira para atender con ella la explotación comercial del Puerto», que se cifró en 7.500.000 pesetas, las cuales jamás fueron abonadas.

Este muelle, en 2006, sigue sirviendo a la Armada Española como base naval, dando muestras, una vez más, de la generosidad y el compromiso que los grancanarios hemos tenido desde siempre con la madre patria.

EL PUERTO Y LA PESCA

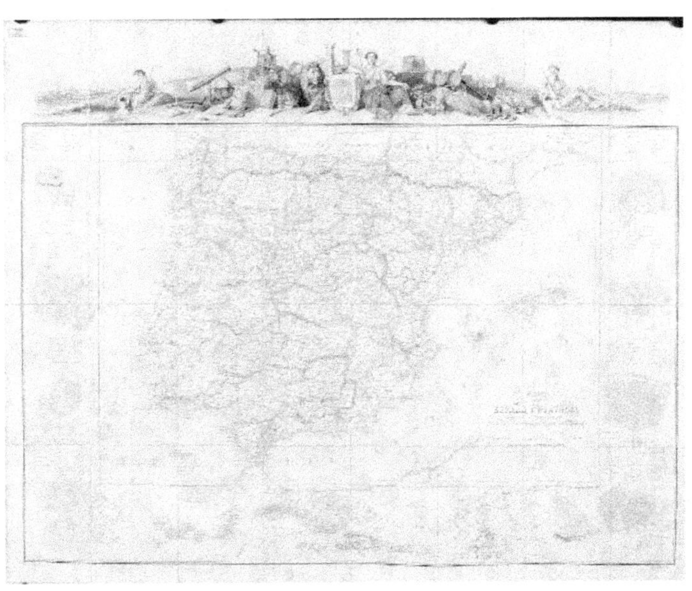

Barco de pescadores amarrado en el muelle de Santa Catalina,
a mediados de la década de 1920. (Archivo Fedac.)

DESDE 1800, nuestro puerto viene siendo refugio para aquel pueblo de pescadores que se había formado al abrigo de las Isletas, por lo que es de suponer que la primitiva y artesanal industria, si así se la puede llamar, le viene dada al puerto como consecuencia lógica y necesaria para el desarrollo futuro de una actividad que con los años lo forzó a asimilar como una de sus actividades principales la de la industria pesquera.

Se tiene constancia de que en 1880 ya existían armadores canarios que faenaban en las vecinas costas del continente africano y, muy especialmente, en la zona que más tarde se conocería como «banco canario-sahariano», importante enclave marítimo situado entre los paralelos 20 N y 30 N aproximadamente. Esta zona, favorecida por la corriente fría del Golfo y, en consecuencia, rica en plancton, se convertiría a los pocos años en fuente de ganancias para muchas familias canarias que encontraron en la mar lo que la tierra les negaba, para acabar, con el tiempo, siendo polo de atracción de no pocas flotas extranjeras, como veremos más adelante. Con este panorama de una rica y aparentemente inagotable zona pesquera a tan pocas millas, nuestro puerto no podría permanecer ajeno a este nuevo «Eldorado».

En ese mismo año de 1880 ya se habían censado veinte buques veleros que se dedicaban en exclusiva a la pesca

Página portadilla.
Mapa político de la
península Ibérica, 1852.
(Biblioteca Nacional.)

Escultura en homenaje
a los hombres del mar.
Se encuentra situada a la
entrada del muelle Grande
del puerto de La Luz.
(Archivo Autoridad
Portuaria de Las Palmas.)

en aquellas costas y que tenían su base operacional en el puerto de La Luz. A partir de 1900 comenzaron a aparecer, con el fin de refrescar la aguada y aprovisionarse de víveres, las primeras flotas balleneras europeas, especialmente noruegas; flotas que irían modernizándose y llegarían a poseer barcos factoría de gran tonelaje que nos visitaban a su paso hacia las frías aguas de la Antártida.

En nuestra isla se daba con mucha frecuencia la particularidad de que la propiedad de los barcos era compartida por varios miembros de una misma familia y, en menor medida, de particulares, lo que originó el nacimiento de la Sociedad de Pesquerías Canario-Africanas, que, con la llegada del vapor y su incorporación a los buques, propició la aparición en escena de los modernos y rápidos motoveleros, constituyéndose una nueva sociedad, denominada Vapores Pesqueros Canarios.

Este tipo de embarcación siguió utilizándose hasta bien entrada la década de 1940, y aún hoy queda alguna reliquia flotante, como el *San Miguel,* que, transformación tras transformación para cumplir con las normas de seguridad exigidas, pasea a turistas por las costas y playas del sur grancanario, y *La Rosario,* que se encuentra en Lanzarote, dedicada a lo mismo; aunque los afortunados pasajeros desconozcan cuando viajan en ellos que navegan sobre unos fósiles vivientes. Una verdadera pena.

La mayor parte de ellos acabaron sus días en tierras americanas, después de una dura travesía sirviendo de único medio de transporte clandestino a los emigrantes que se dirigían a aquellas tierras del Nuevo Mundo y, muy especialmente, a Venezuela, huyendo del hambre en unos casos y, en otros, de la represión y persecución políticas que tuvieron que soportar, durante tantos años, aquéllos no afines al llamado «Movimiento Nacional».

Los canarios nunca olvidaremos a esa gran nación que nos acogió y nos hizo hijos suyos desde el mismo momento en que arribábamos a sus costas; por ello, generación tras generación, no nos cansaremos de exclamar: «¡gracias, Venezuela!».

Estas salidas masivas de embarcaciones de veleros y motoveleros que, en un principio, se despachaban para la costa, terminaban abandonando nuestro puerto definitiva-

Estampa del barrio
de pescadores que existía,
a la llegada de los ingleses,
al socaire de la Isleta,
en cuya ladera podía leerse
Grand Canary Engineering.
(Fotografía de
Carl Norman, 1893;
archivo Fedac.)

mente, lo que hizo que desapareciera prácticamente nuestra primitiva flota pesquera y comenzara a surgir un nuevo tipo de barcos de pesca, a los que se denominó «viveros». Estos viveros descargaban capturas frescas que normalmente iban a parar a la industria de transformación de pescado seco y salazón.

Cabe destacar la que poseía la Casa Elder, aunque también había factorías en las afueras de la ciudad, como las existentes en San Cristóbal, cuyos restos podemos apreciar aún hoy, o la del Rincón de Hijos de Ángel Ojeda.

En las fechas en que nos movemos no podemos hablar de industrias que por su importancia transcendieran nuestras fronteras, pues éstas elaboraban el pescado casi en exclusiva para consumo local. La falta de hielo barato y de calidad, los inexistentes frigoríficos y los usos y costumbres de nuestros importadores tradicionales, como el Reino Unido, que no destacaban principalmente por el consumo

Un pescador de cazones exhibe sus capturas, a mediados de la década de 1960. (Archivo Fedac.)

de pescado, ralentizaron el desarrollo de estas antiguas factorías de elaboración de pescado.

Hay que tener en cuenta que prácticamente todos los asentamientos o pueblos de la isla con costa disponían en sus municipios de su propia comunidad de mareantes o «barqueros», y en algunos lugares como Mogán, Arguineguín o Telde, en la bahía de Gando, existían factorías de pescado que se dedicaban a la salazón y al pescado fresco. Éste era vendido por mujeres que lo transportaban en grandes cestas de mimbre apoyadas sobre sus cabezas con ayuda de unos paños envueltos en forma de corona que denominaban «ruedos», y que les servían de amortiguación para tan pesada carga, manteniéndola sobre sus cabezas con un equilibrio exquisito. Al mismo tiempo, con una mano en la cadera, voceaban con aquel rigor femenino: «¡Pescado, llevo pescado fresco de…!», para a continuación indicar el lugar de procedencia; siendo famosos los calamares de Melenara, las sardinas de San Cristóbal, las cabrillas de la Puntilla, el gallo de Mogán o las viejas de San Andrés, entre otras. Como curiosidad, me viene a la memoria que siempre las acompañaban en sus recorridos uno o dos gatos, prestos a cualquier descuido o caída accidental del género, que en sólo unos segundos terminaba en sus hambrientos estómagos. ¡Eso sí era reciclaje!

Algunas de estas auténticas trabajadoras de la mar se hicieron populares, como Aurorita la de Compalunes, Chana la Cangreja, Carmita Ruano (madre de los panaderos, los Ruano), Mimita Peñate, Antonia la Cubana, la Carabina… y tantas otras que con sus gritos y aspavientos daban colorido a una vida llena de calamidades.

Lamentablemente, en esos años todavía la Administración local encargada de las mejoras en el sector no veía con buenos ojos las inversiones estatales encaminadas a promulgar este tipo de actividad. Hasta muchos años después no se construyó una auténtica dársena pesquera, mientras que los primeros frigoríficos industriales aparecieron tímidamente en la década de 1950.

De nuevo el capital foráneo, esta vez suizo, iba a tener presencia de arranque en nuestro puerto, impulsando la construcción del frigorífico denominado Frisu I en la cabecera del muelle Pesquero. Poco más tarde se terminaría

Barcos de pesca amarrados en el muelle Virgen del Pino, en el puerto de La Luz.

Frigo Docks a la entrada del muelle Grande; luego vendría el Frisu II, el Frigorífico Ojeda y Frigoríficos Diego Grimaldi, donde se descargaba el pescado a granel y, allí, en el mismo suelo, se seleccionaba.

En esta década de 1950, que yo calificaría como la de auténtico arranque de la actividad pesquera a gran escala en nuestro puerto, nos visitaba, además de la ya mentada flota ballenera noruega, la inglesa, destacando de ella su buque *Balaena,* auténtica factoría flotante de 32.000 toneladas de registro bruto, que viajaba acompañada de una flotilla de diez pequeños buques. Luego vendrían las flotas japonesa, soviética, coreana, cubana y china.

De la llegada del primer barco de la flota pesquera rusa guardo un recuerdo entrañable de niñez, cuando con apenas diez años me acerqué agarrado de la mano de mi hermano mayor, Francisco José (Paco), y con los nervios propios del que iba a ver por primera vez a un ruso de verdad,

Un chucho (pastinaga o *dasyatis pastinaca*) pescado en aguas canarias, a mediados de la década de 1960. (Archivo Fedac.)

pues sabíamos que les habían dado permiso para desembarcar y que lo harían por la marquesina existente en el muelle de Santa Catalina. Por aquel entonces, yo sólo conocía de Rusia y de los rusos lo que nos contaban los maestros, que ni que decir tiene que eran todos adeptos al régimen franquista y, en consecuencia, no muy entusiastas de la Unión Soviética. Si a eso le sumamos la influencia de las proyecciones cinematográficas de James Bond (agente secreto que siempre era «el bueno») tan en boga por la época, donde «el malo» siempre era el ruso, y que solían caricaturizarlos con aquella dentadura llena de hierros y con un ojo de cristal, en el mejor de los casos, podrán fácilmente comprender que yo, con mis diez u once añitos, me moría de curiosidad y de miedo por ver a aquellas terribles criaturas que, además, eran comunistas, auténtico pecado mortal para la «España Nacional Católica, reserva espiritual de Occidente».

Cuán mayúscula y agradable sería mi sorpresa cuando vi cómo se aproximaban a las escalinatas del muelle, en un bote salvavidas a motor que portaba una bandera ondeante de color rojo con la hoz y el martillo en su extremo superior, una quincena de hombres de cachetes rosaditos y pelo más bien claro que, haciendo gala de una educación

exquisita, al pasar ante el grupo de curiosos allí concentrados pronunciaron en un castellano algo tosco las palabras «Güenas tarrdes señor». ¡Qué alegría! Aquellos hombres eran normales, como nosotros, no como me los habían descrito. Vamos, que tenían más aspecto de ser de San Mateo, de Valsequillo, Telde o si me apuran hasta de Calatayud, que de la misma e innombrable Unión Soviética comunista, donde el propio Satanás, me habían contado, tendría su hogar. Algo no cabía en mi infantil e inocente cabeza; o me había engañado mi profesor de Formación del Espíritu Nacional (como se denominaba la asignatura de Política) o aquellos educados señores eran «rusos de pega». Recuerdo que al regreso de su paseo por nuestra ciudad, casi todos portaban alfombras y paraguas negros que habían adquirido en la única tienda que tenían previamente asignada y en la que podían comprar con tiques convertibles.

Las luchas ecologistas en defensa de la prohibición de la captura de ballenas hicieron que Rusia tomara la decisión de abandonar esta actividad pesquera años después. No así la flota japonesa, que continuó con esas prácticas, aunque reguladas, al menos, de forma oficial.

Con las instalaciones frigoríficas de reciente construcción, el puerto de La Luz comenzó a cumplir un papel importan-

Barcos de pesca amarrados al muelle de Santa Catalina. A la derecha el muelle de Carboneros. (Fotografía cedida por Alejandro Santana Martín.)

Boyas, redes, norays, cabos,... elementos comunes en la bahía pesquera del puerto de La Luz. (Archivo Autoridad Portuaria de Las Palmas.)

tísimo en las descargas de las capturas y en el trasbordo a los buques frigoríficos. Fue la flota japonesa la que dio a este sector el verdadero empuje económico, posibilitando la creación de riqueza en industrias y mano de obra que han sobrevivido hasta nuestros días. Sólo entre las flotas japonesa y rusa se contabilizaban más de mil barcos arrastreros que faenaban en el banco canario-sahariano, especializándose principalmente en la captura del cefalópodo que congelaban a bordo y luego transbordaban a grandes cargueros en nuestro puerto, no sin antes utilizar las instalaciones frigoríficas allí existentes.

Desde nuestro puerto se expedía pescado para la península Ibérica, Italia, Francia, Grecia, Japón y Corea.

Pronto se unieron la flota coreana y la cubana, que junto a la japonesa descargaban el atún a granel a –70º C, lo cual producía un espectáculo de humo blanco cuando los puntales del barco izaban aquellas auténticas moles enganchadas en grupo por la cola. Luego vino la flota china y, en los tiempos actuales, la holandesa, especializada en la captura del pelágico, para lo cual se construyó en el muelle Grande, en el lugar donde anteriormente existían los tinglados para la fruta, un frigorífico con una superficie de 12.000 m² y 80.000 m³ de capacidad para el almacenaje en frío y que se denominó Spanish Pelagic.

Como curiosidad, apunto que en los patios de los frigoríficos, cuando se seleccionaban las cajas de pescado, se anotaba con tiza en el suelo y las cajas el destino final de la mercancía; así pues, se podía leer Portugal, Italia... Pero cuando la exportación era para la península, se le ponía «España» y no «Península», para distinguirlo del que iba destinado al consumo local o plaza. También se utilizaba la palabra *faris,* deformación del vocablo inglés *far east,* para referirse al pescado destinado a Japón.

Con la llegada del contenedor isotermo, primero, y el frigorífico autónomo, después, se hizo necesaria la construcción de unos almacenes frigoríficos capaces de dar cabida en su interior a estas nuevas *cajas* que eran los contenedores de 20 pies. Así nació el Frisu III, auténtico monstruo frigorífico capaz de albergar en su interior a 500 teus (contenedores de 20 pies o 6 m de largo).

Los frigoríficos de Ángel Ojeda añadieron al primitivo

Vista aérea del barrio
de la Isleta, a la izquierda de
la imagen, y del puerto
de La Luz, con los almacenes
frigoríficos Frisu II
y Frigodock y el área para
el depósito de
combustibles.

edificio una cámara para recibir este tipo de contenedores, con una capacidad de cuarenta y ocho unidades.

En las afueras del muelle se construyeron los Frigoríficos Grimaldi en los comienzos de la urbanización industrial El Sebadal, que aunque en principio fueron proyectados para albergar este tipo de contenedor, por una serie de problemas con los permisos de la Administración tuvieron que adaptarse para almacenar el pescado en unas jaulas de medidas no estandarizadas.

Tomó tanta importancia la carga en contenedores que no sólo se importaba hielo seco desde la península, en los barcos de Pinillos en contenedores de 10 pies habilitados como neveras que eran capaces de mantener durante mucho tiempo el hielo carbónico sin alterarse; hielo que se usaba para trasladar el pescado en los isotermos no autónomos. En la puerta de estas neveras había un cartel que rezaba: «Hielo carbónico, peligro, ventilar bien antes de entrar», como si se pudiera impedir que aquel hielo en contacto con el aire dejara de emitir el nocivo gas, por mucha ventilación que le diéramos al contenedor-nevera. Todo hay que decir-

Operaciones de manutención para el trasbordo de pescado a un buque carguero. (Archivo Autoridad Portuaria de Las Palmas.)

Buques atuneros de bandera japonesa amarrados en el puerto de La Luz. (Archivo Autoridad Portuaria de Las Palmas.)

lo y, a pesar del riesgo para el porteador, nunca hubo que lamentar ningún accidente por su inhalación.

Recuerdo que Miguel Montenegro Santana, hombre al que Naviera Pinillos le había encargado la misión de pesar y manipular el hielo carbónico, bromeaba con aquel cartelito y, al abrir el contenedor, silbaba y le decía al hielo: «¡Anda sal, que yo no puedo entrar a buscarte porque eres peligroso!». Para luego presumir que él era el único humano capaz de respirar CO_2 sin alterarse.

Llegó a proyectarse un macro frigorífico de estas características que podría albergar en su interior mil teus o, lo que es lo mismo, mil contenedores de 20 pies de largo. El lugar elegido fue el destinado años atrás para la construcción de la Lonja. No llegaron a comenzarse las obras ni de una cosa ni de la otra, aunque se poseía el proyecto y los permisos pertinentes, porque coincidió con la retirada paulatina de los pesqueros por falta de acuerdo de la Comunidad Europea con Marruecos, lo que acarrearía no permitir, primero, descargar sus capturas en el puerto de La Luz, favoreciendo así al puerto de Agadir, y, más tarde, ni siquiera se nos permitió pescar en aquellas aguas donde tradicionalmente y desde tiempos remotos lo veníamos haciendo. Los políticos de entonces no brillaron precisamente por su capacidad negociadora.

A pesar del revés económico y financiero que la actitud del país vecino supuso para esta actividad, el puerto de La Luz continuó siendo un lugar de referencia para los pesqueros, que lo seguirían usando como base logística durante las paradas biológicas y como lugar de trasbordo para los buques factoría que operaban más al sur del caladero marroquí.

LA GASOLINERA DEL ATLÁNTICO

Imagen de los depósitos de combustible de la compañía Shell.

COMO venimos observando desde los mismos inicios de nuestro puerto, por su situación geográfica privilegiada, destaca por ser un centro de avituallamiento de carbón, agua y víveres. Con la llegada de los combustibles líquidos y la paulatina desaparición de las máquinas de vapor, comenzaron a instalarse conocidas compañías petrolíferas, llegando al número de cinco: Shell, Texaco, Mobil, Esso y Cepsa; lo que hizo posible que nuestro puerto se conociera mundialmente como «la gran gasolinera del Atlántico». Esta denominación no es una exageración si se tiene en cuenta que nuestro puerto estaba beneficiado por unos magníficos precios en los combustibles, como consecuencia del régimen económico y fiscal de que disfrutaba la isla (puerto franco) y la capacidad de actuación con que se respondía a las fuertes demandas que puntualmente sobrevenían, como consecuencia de algún acontecimiento mundial.

La primera crisis del Canal de Suez (1956-1957), con el consiguiente cierre del canal cuando el presidente egipcio Nasser acometió la nacionalización del mismo, o durante la contienda árabe-israelí del año 1967, más conocida como la Guerra de los Seis Días (que se prolongaría casi siete años), que acarreó también el cierre del canal, obligó a desviar sus tráficos a las compañías navieras que desde Europa conectaban con Australia y el lejano Oriente, utilizan-

do la antigua ruta que pasa por las Islas Canarias y Ciudad del Cabo (Sudáfrica).

El incremento de tráfico en el puerto por este motivo fue realmente espectacular, en especial con respecto a aquellos que necesitaban tomar combustible. En toneladas de registro bruto extra, en el año 1967 fue de 45.287.000 y de 57.750.000 en 1973, con un total de unidades recibidas ese mismo año de 16.534 buques.

Esta prolongada crisis hizo cambiar la mentalidad de los navieros en lo que a la construcción de buques se refería, naciendo la imperiosa necesidad de contar con unidades de mayor autonomía con objeto de evitar las siempre costosas escalas técnicas. Al mismo tiempo, los buques petroleros de nueva construcción vieron incrementada su capacidad de carga de crudo, llegando a construirse unidades desde 250.000 a 450.000 toneladas de registro bruto (TRB), aunque esto traería consigo una cierta reducción del número de escalas registradas en nuestro puerto a partir del año 1973.

Cabe destacar que durante la antes mencionada crisis de Suez, La Luz llegó a ocupar el tercer lugar en la clasificación mundial en el suministro a buques, detrás de Singapur y Capetown. Siendo este dato importante, no lo es más que el reconocimiento y prestigio que obtuvo, merced a la capacidad de respuesta y calidad de los servicios de *bun-*

Vista aérea de la plataforma de depósitos de combustibles en el puerto de La Luz. Al fondo de la fotografía, el barrio de la Isleta.

kering, destacándose por la rapidez y los buenos precios.

Hasta el año 1980 no apareció el primer cambio en las compañías suministradoras de combustible, cuando la Ducar se hizo cargo de la factoría Texaco. Esta nueva compañía pertenecía al grupo empresarial asturiano Duro Felguera, que operó en nuestro puerto hasta 1996, cuando el grupo empresarial Boluda, que ya había «desembarcado» en la isla años atrás con la compra de la prestigiosa consignataria Miller y Cía., se hizo con el servicio, apostando así por la expansión de nuestro puerto.

Este grupo empresarial, de origen valenciano, bien sería merecedor del título de hijo predilecto de nuestro puerto, por su extraordinaria contribución en todos los sectores relacionados con el mismo desde su implantación en estas latitudes.

Con el Grupo Boluda volvió a darse un hecho similar al que a lo largo de los años caracterizó a nuestro puerto, en cuanto a que las inversiones en él se llevaron a cabo en gran medida por familias foráneas, que pronto se identificaron con nuestro modelo socioeconómico y que no tardaron en ponerse a la vanguardia de la defensa de nuestro puerto y nuestra ciudad. Recordemos, por ejemplo, a los clanes ingleses, escoceses o alemanes que, con sus mentes emprendedoras, irrumpieron en nuestra sociedad de principios del siglo XX, transformándola satisfactoriamente y sintién-

Suministro de combustible a flote a un buque. (Archivo Autoridad Portuaria de Las Palmas.)

Barcaza de doble casco *Spabunker Veintiuno*, de Grupo Boluda, para el suministro de combustibles líquidos a buques.

En el puerto de La Luz se practica una política de prevención de la contaminación y a favor de la protección medioambiental mediante la utilización, entre otros recursos técnicos y humanos, de embarcaciones especializadas en la recogida de residuos en el mar.

dose desde el primer momento como verdaderos isleños, enraizando en esta tierra que los acogió como hijos suyos y de los que hoy nos sentimos orgullosos.

Ahora, en los albores del siglo XXI, la historia se repite, pero esta vez felizmente capitaneada por un joven empresario valenciano que muy pronto ha sido acogido y aceptado por nuestros paisanos como un isleño más: nos referimos a don Vicente Boluda Fos, quien ha apostado decididamente por el futuro de este puerto y de sus gentes, en las que ha depositado una confianza digna de elogiar, eligiendo nuestro puerto y nuestra ciudad como principales en sus actividades marítimas empresariales. Una de estas actividades es precisamente el suministro de combustible a bordo o *bunkering,* que ha hecho famoso a nuestro puerto, incorporando las novedosas gabarras de doble casco. Con ello, nos hemos anticipado a la normativa europea, que, como consecuencia del hundimiento del buque petrolero *Prestige* frente a las costas gallegas, impuso estas medidas a todos los buques que quisieran operar en el territorio de la CEE. De esta manera, ha puesto al puerto de La Luz como ejemplo de modernidad y escaparate promocional en el mundo.

LOS TALLERES DE REPARACIÓN Y LOS ASTILLEROS

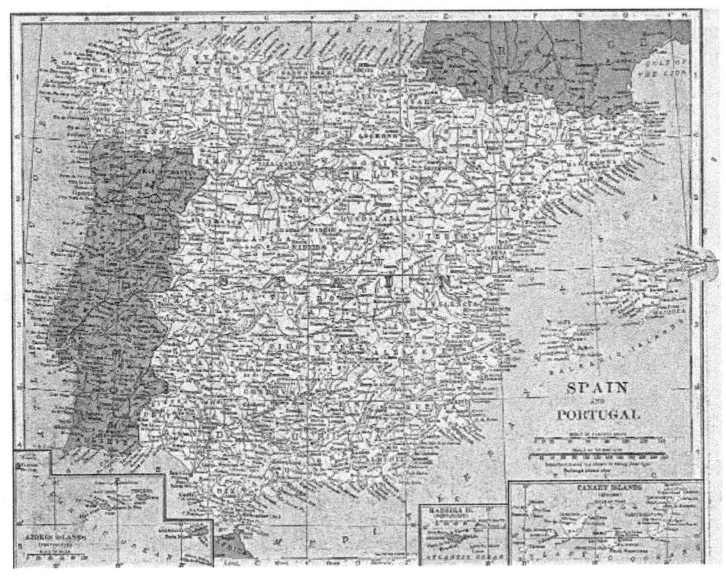

Carpinteros de ribera en la rada de San Telmo en los primeros años del siglo XX. (Fotografía de Jordão da Luz Perestrello, entre 1900-1905; archivo Fedac.)

Es de suponer que desde la conquista de las islas por los castellanos, allá por el año 1483, las reparaciones navales y los lugares específicos para desarrollar esta función formaban parte de las preocupaciones constantes de los nuevos isleños fruto del mestizaje.

Recordemos que los primitivos habitantes de las islas, los que genéricamente conocemos como «guanches» (aunque éstos lo son sólo los naturales de Tenerife), no conocían el arte de navegar, probablemente porque en estas tierras afortunadas que son las Islas Canarias no les hacía ninguna falta para subsistir. Se sabe que aunque el pescado y el marisco formaban parte importante de su dieta, los obtenían utilizando en la orilla técnicas que no requerían embarcaciones, ni siquiera modelos primitivos.

Sin embargo, el nuevo pueblo conquistador (que de inmediato se fundió con el aborigen, formando uno solo) incluía en su cultura los conocimientos de la pesca de litoral y la de altura, además de ser docto en los suficientes conocimientos náuticos y de poseer barcos capaces de navegar con seguridad por todos los mares. Por todo ello, el «suponer» al que hacíamos referencia al principio del capítulo toma fuerza y credibilidad por evidente.

Imaginemos un territorio, en este caso nuestras Islas, distante en cientos de millas de lo que por entonces se conocía como civilización, donde se podía encontrar la sufi-

Página portadilla.
Mapa de España y Portugal, publicado en *The New Encyclopedic Atlas & Gazetteer of the World,* editado y revisado por Frances J. Reynolds. (Biblioteca Nacional.)

Carpinteros de ribera
en San Telmo en la última
década del siglo XIX.
(Archivo Fedac.)

ciente materia prima (madera) para la construcción o reparación de las naves que arribaban a la bahía de las Isletas, bien para refrescar la aguada, reponer víveres, descansar o reparar alguna avería de las naves (como le ocurrió a la expedición comandada por el almirante Cristóbal Colón, que tuvo que reparar el timón de una de ellas en su primer viaje al Nuevo Mundo, más tarde conocido como América).

A pesar de lo que pudiera parecer evidente, resulta sorprendente y hasta curioso que los cronistas no mencionen estos «gérmenes» de talleres de reparación naval hasta finales del siglo XIX, cuando proclaman el nacimiento de los astilleros de San Telmo. Tal construcción se encargó al militar e ingeniero don Pedro del Castillo, en 1811, y para sufragar los gastos de la obra se recurrió a la Cofradía de Mareantes de San Telmo.

Estos nuevos astilleros se especializaron en la construcción de pequeños y medianos buques de madera, los mismos que años más tarde se convertirían en auténticas tablas de salvación para los pobres desgraciados que por motivos de persecución política se vieron obligados a «escapar» a América, ya que marcharse de forma legal era del todo imposible. El primer velero que nació en estos astilleros fue el *Africana*.

Aún hoy quedan algunos en activo, convertidos en motoveleros (dos de ellos se construyeron en los citados

Astillero junto al edificio
de la compañía naviera
Wöerman Line, Ltda.,
en el puerto de La Luz.
(Fotografía de Juan García,
1934; archivo Fedac.)

astilleros), aunque desarrollan una labor propia de la época
actual, como pasear turistas por el maravilloso litoral del sur
de Gran Canaria, y otros como el famoso balandro *Tirma,*
que fue construido por el carpintero de ribera don José
González el *Calafete,* en 1910. Este precioso balandro de
estilizadas y elegantes líneas, fiel a los cánones de construcción inglesa de la época en cuanto a embarcaciones
aptas para el recreo y las regatas, permanece hoy en día
expuesto en la entrada de las instalaciones del Real Club
Náutico de Las Palmas de Gran Canaria, como fiel testigo
de la historia marinera del club propietario del mismo, al
que tanta gloria proporcionó a lo largo de su extensa vida
como buque insignia.

Con el auge y empuje imparables que iba adquiriendo
en los primeros años del siglo XX el nuevo puerto de Refugio, estos carpinteros de ribera también se fueron desplazando al nuevo lugar, que ofrecía mejores condiciones para
desarrollar su trabajo.

Las crónicas de la época nos hablan de una actividad frenética, si tenemos en cuenta el tamaño de la población
de entonces. Asimismo, hacen referencia a la calidad que se
apreciaba en el acabado final de las embarcaciones. Por
otra parte, mencionan que desde sus inicios hasta finales del
siglo XIX se construyeron más de trescientas embarcaciones
de distinto tamaño, con un registro bruto que superaba en
total las diez mil toneladas.

Buques en el astillero.
(Archivo Autoridad
Portuaria de Las Palmas.)

Estos veleros estaban diseñados para navegar en nuestras aguas, destinados a un cabotaje insular y para desarrollar actividades pesqueras en la vecina costa africana.

A pesar de la presencia cada vez mayor del vapor y del acero, durante muchos años se siguieron construyendo barcos de madera. Éstos eran reconocidos, además, por su gran calidad, por sus acabados y diseños, donde nuestro pino canario hizo acto de presencia cuando fue utilizado para la fabricación de piezas maestras, como la quilla. Para el tablazón del casco se importaba la madera de pino sueco o las excelentes maderas de Guinea, e incluso se traían maderas de América, como el guayacán, que se empleaba en las bocinas de los ejes de cola por su gran resistencia al desgaste.

Pero la fuerza imparable del progreso hizo que la madera fuera dejando paso al acero y la vela al vapor, por lo que nuestros magníficos carpinteros de ribera fueron viendo mermar su actividad hasta limitarse a la construcción de pequeños pesqueritos o embarcaciones de recreo, hechos por encargo de particulares.

Desde que se proyectó el nuevo puerto de La Luz, don Fernando de León y Castillo ya mencionaba en sus sugerencias que éste debería contar con al menos un gran astillero.

Las primeras construcciones de astilleros con rampas de varada construidos en la zona del puerto de La Luz las llevaron a cabo dos firmas inglesas: Blandy Engineering Co. y Gran Canaria Coalalin Co.

El primero en la calle Rosarito con una primera rampa, y a poniente del Castillo de la Luz una segunda de mayor capacidad, donde se reparaban barcos de madera y otros artefactos flotantes.

Esta sociedad se conocería más tarde popularmente como la «Gran Canaria».

En 1908 se creó en Londres la Compañía Carbonera de Las Palmas, la cual construyó una rampa varadero, anexa a las ya citadas de la calle Rosarito.

Esta nueva compañía estaba ligada a la casa Consignataria Miller y Cía., que ya había trasladado sus oficinas desde la calle Triana a la entrada del muelle de Santa Catalina.

Estos astilleros o rampas de reparación tenían la particularidad de ser también los encargados de proveer a sus buques de carbón. Utilizaban para ello barcazas propias

Astillero de Repnaval en la dársena Exterior del puerto de La Luz.

que cargaban el mineral en pequeños muelles propiedad de los astilleros y hasta donde llegaba el carbón en vagonetas sobre raíles desde las carboneras situadas algo más al interior. De esta forma, no es de extrañar que a los astilleros Compañía Carbonera de Las Palmas se les conociera por el popular y cariñoso apodo de *Juan Black*.

Era habitual por entonces que los técnicos de estos astilleros o talleres (ingleses o alemanes) desempeñaran cargos de inspectores de distintas sociedades de clasificación, como ocurría con el popular mister Jolly, que dirigía la Compañía Carbonera de Las Palmas y, al mismo tiempo, era inspector de la Class Society Lloyd, lo que sin lugar a dudas favorecía de modo notable a sus astilleros.

La mano de obra, incluida la especializada, como la de los carpinteros de ribera, era isleña. Debido a los bajos salarios que ofrecían, estos talleres podían emplear a cientos de personas y constituían una tabla de salvación para los trabajadores que en época de sequía se veían obligados a abandonar el campo.

Por aquellos años, la firma inglesa Cory Brother creó otro astillero en la calle Albareda, esquina con la calle Gran

Buque pintado y en su fase final de reparación en los astilleros del puerto de La Luz.

Canaria. Dicha firma estaba también ligada a la casa Miller, que era la concesionaria de los servicios de remolcadores del puerto.

Los principales clientes de estos astilleros eran obviamente las embarcaciones que poseían las consignatarias para el transporte de carbón a las distintas navieras, en especial de bandera inglesa, ya que éste era el combustible necesario para aquellas calderas, las cuales generaban vapor para accionar las maquinas alternativas, que propulsaban las líneas de eje-hélices de los buques.

Eran pocos los barcos que atracaban, de ahí que el puerto dispusiera de muchas falúas o *falugas* (en el argot portuario) que atendían al servicio de los buques fondeados. Estas falúas eran construidas y reparadas en dichas instalaciones.

En la misma calle Albareda, pero más cerca del parque de Santa Catalina, la firma alemana Wöerman construyó la Wöerman Line, con la intención de atender a la naviera del mismo pabellón. En sus barcos se transportaban las mercancías a las entonces colonias alemanas en África como Camerún o Togo, que habían sido cedidas por la Sociedad de Naciones en 1887 en calidad de protectorado.

Simultáneamente, por la misma zona se repartían varios talleres de carpinteros de ribera en otros lugares, los cuales contaban con profesionales muy prestigiosos así como calafates profesionales.

Al final de la Primera Guerra Mundial, la situación continuó casi en la misma línea, salvo que el tráfico de los barcos alemanes descendió de modo considerable al perder Alemania sus protectorados, que pasaron a manos de Francia y Reino Unido. Cabe destacar que aunque Alemania vio mermado su poderío naval por las circunstancias antes nombradas, en La Luz no se cerraron los astilleros de la Wöerman, sino que siguieron atendiendo a los buques de la Wöerman Line en el suministro de carbón y efectuando reparaciones a bordo.

Las reparaciones que entonces se llevaban a cabo eran casi siempre de pequeña envergadura. No podía ser de otra manera dado que las máquinas de vapor de estos buques estaban provistas de una caldera, primero a carbón y luego a fuel, que se construía para que durase largo tiempo, y en los materiales empleados primaba la calidad sobre el precio.

El resultado final eran máquinas casi eternas, fruto de un planteamiento muy distinto del actual, donde todo se construye pensando en que dure un determinado número de años u horas de trabajo y donde el precio final del producto (en este caso la máquina) desempeña un papel primordial.

Los talleres de reparación poseían funciones propias, capaces de confeccionar piezas más o menos importantes, que eran trabajadas por expertas manos artesanas. Esto no es de extrañar si consideramos la imposibilidad real que existía de disponer en un determinado momento de un repuesto concreto.

Los torneros artesanos, auténticos maestros de la mecánica y el diseño industrial, adquirieron fama internacional. En algunas ocasiones incluso recibían por escrito el reconocimiento y la felicitación de navieros ingleses, cuando al regreso de sus barcos al Reino Unido comprobaban las «pequeñas obras de arte» que habían confeccionado estos operarios isleños en sus talleres de reparación.

En el puerto de La Luz, a medida que pasaba el tiempo, se iba incrementando el tráfico de barcos de distintas nacionalidades, sobre todo ingleses, los cuales disponían aquí de varias consignatarias que se encargaban de suministrarles el carbón.

Recordemos que los canarios llevaban años pescando en las aguas del banco sahariano, y los veleros con casco de madera que faenaban en aquella zona se construían y reparaban en los citados varaderos. Se construyeron langosteros, lanchones… y muy variados artefactos veleros, enfocados a la pesca de la corvina, el atún, etc.

Durante la Segunda Guerra Mundial, los astilleros prestaron su ayuda a las naciones acordes con su nacionalidad. Al terminar la contienda y ser de nuevo perdedora Alemania, Wöerman se convirtió en una sociedad española y acuñó un nuevo nombre: Depósitos de Carbones de Tenerife, SA.

Las dos firmas inglesas Blandy Engineering Co. y Gran Canaria Coaling Co. fueron adquiridas por la familia española March, pero pronto pasaron a manos de la empresa nacional Bazán. Ésta utilizaba el nombre de Asvasa (Astilleros y Varaderos, SA.) y tenía como principal cliente los buques de la Armada española.

Buque sobre la rampa de los astilleros de Astican, en la dársena Exterior del puerto de La Luz.

Operarios realizando trabajos en la popa de un buque. (Archivo Autoridad Portuaria de Las Palmas.)

En 1946 se construyó un nuevo varadero en un taller de carpintería existente en la calle Albareda, llamado Varadero Jorge, y que se fundó con capital canario.

Por supuesto, todas las instalaciones de las diferentes sociedades estaban emplazadas en terrenos propiedad de la Junta de Obras del Puerto, en calidad de concesionario.

Como dato importante para nuestra economía insular, referente al puerto, hay que señalar que Bazán empleaba a cuatrocientos hombres fijos y la Compañía Carbonera de Las Palmas a trescientos cincuenta.

A finales de la década de 1960, en el banco pesquero canario-sahariano, se inició una gran actividad. Como consecuencia de ello, además de las flotas pesqueras de las distintas regiones españolas, como la gallega y la valenciana, que tomaron como base el puerto de Las Palmas, aparecieron los pesqueros japoneses en gran número. Con ellos los varaderos estaban al completo, hasta tal extremo que los barcos de mayor eslora debían hacer sus varadas en astilleros de la península. Con la llegada de la flota cubana, compuesta por barcos modernos, los talleres de reparación se vieron imposibilitados para atender la nueva demanda, ya que sus instalaciones y su maquinaria se habían quedado obsoletas, debido probablemente a la enorme cantidad de trabajo que les suponían los barcos de maquinaria antigua. Al principio, esta flota se vio obligada a acudir a los astilleros peninsulares, mejor preparados que los nuestros, para hacer sus reparaciones, principalmente los Astilleros de Cádiz, empresa que por aquel entonces pertenecía al Instituto Nacional de Industria (INI).

Luego aparecieron las flotas pesqueras portuguesa, italiana, griega e incluso la coreana, que poco a poco fueron sustituyendo a la japonesa. Sin miedo a exagerar, apuntamos que tomaron como base el puerto de Las Palmas más de mil barcos pesqueros.

Iniciada la reestructuración del muelle de Rivera, fue necesario trasladar las instalaciones de varada existentes a un nuevo emplazamiento. Así, la Junta de Obras del Puerto construyó seis nuevas rampas al sur del muelle de Santa Catalina. Otorgó las núm. 1 y 2 a Asvasa, la núm. 3 a Jorge, SA, y las restantes (las núm. 4, 5 y 6) las concedió a la Compañía Carbonera de Las Palmas, la cual se había fusionado previamente con Depósitos de Carbones de Tenerife y con Cory. Los traslados se llevaron a cabo en 1968. Además, se autorizó la adjudicación de un dique flotante a Asvasa, dentro del puerto, como compensación por el cierre del varadero de Gran Canaria.

La actividad era frenética en aquellos años, los pesqueros descargaban en el puerto y necesitaban cada vez más los servicios de una serie de profesionales: estibadores, transportistas, suministradores frigoríficos, de efectos navales, etc. El dinero corría hasta extremos insospechados.

En 1972, la Compañía Carbonera cambió su nombre por la actual Repnaval. Fue una cuestión de mercadotecnia. Asimismo, construyó un amplio taller anexo a las rampas dotado de maquinaria moderna.

En estos años, la deficiencia en la red eléctrica era notable en toda la isla y los cortes en su suministro resultaban muy frecuentes, lo que dificultaba calcular el final de las obras. Por otra parte, la calidad del agua dulce que se utilizaba en las calderas era deficiente. Cuando el nuevo ingeniero jefe envió muestras del agua para que los fabricantes de las nuevas calderas la examinaran, éstos le contestaron al recibirla que lo que necesitaban para su inspección era agua sin usar y no la que les había enviado.

El cierre del Canal de Suez como consecuencia de la Guerra del Yon Kipur significó un aumento del tráfico portuario y esto proporcionó años de prosperidad a nuestros astilleros. Atrás quedaron los años en que la antigua Unión Soviética arribaba al puerto aportando un poderoso cliente.

Otra nueva reestructuración del puerto, así como la aparición de los tramos 6 y 7 de la avenida Marítima, obligó a una expropiación de las rampas de Santa Catalina.

El proyecto de Astican surgió por iniciativa conjunta del INI y la Caja Insular de Ahorros. A este proyecto se incorporaron después los estudios que la Empresa Nacional Bazán había realizado para integrar en una sola unidad las antiguas instalaciones de Asvasa.

De esta manera, en agosto de 1973, se iniciaron las obras del proyecto que surgió para dotar de medios de varada al puerto de La Luz, dando así una respuesta satisfactoria al importante tráfico de buques que demandaban su servicio.

Operaciones de limpieza de casco de buques y de las cadenas. (Archivo Autoridad Portuaria de Las Palmas.)

Gradas de varada de Asticán. (Archivo Autoridad Portuaria de Las Palmas.)

La explotación de Astican comenzó de forma oficial a comienzos de 1976, aunque en mayo del año anterior había varado el novedoso *syncrolift* (sistema para varar los buques) el primer barco.

Los primeros años no fueron fáciles, sobre todo porque coincidieron con dos crisis mundiales que castigaron especialmente al sector naval.

En 1989, fruto de una nueva política gubernamental encaminada a la privatización de todas las empresas del INI, le llegó el turno a los astilleros, los cuales pasarían a manos del nuevo accionista privado mayoritario, que en aquel momento fue Italmar, SA.

EL CONTENEDOR Y SU REPERCUSIÓN

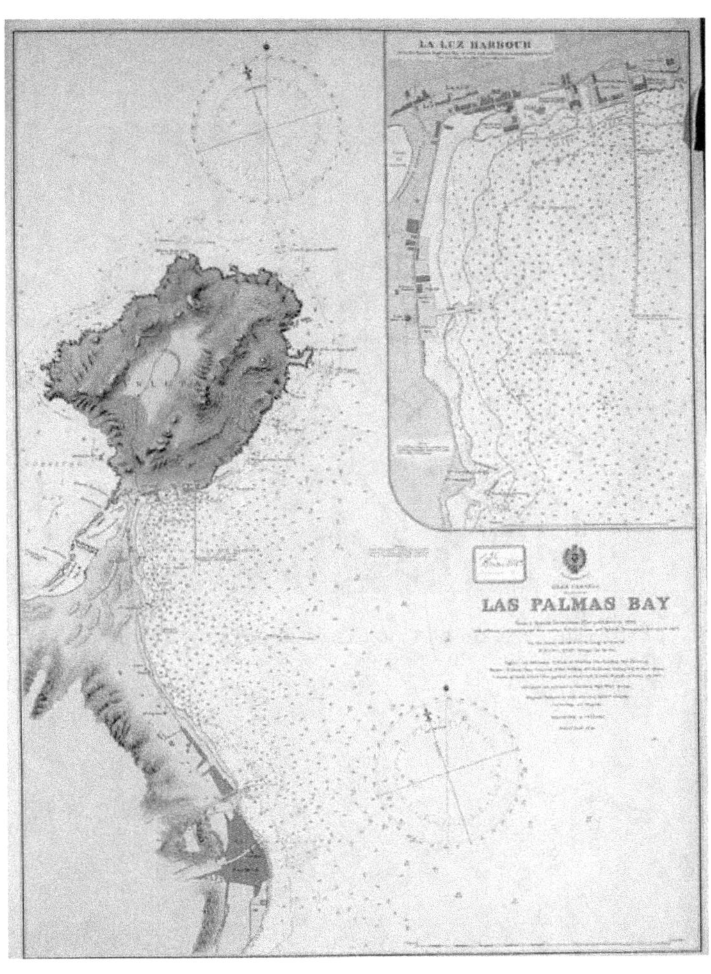

Estiba de cajas de plátanos en la bodega de un buque.

ENTRE 1970 y 1980, el puerto experimentó de nuevo un cambio urbanístico que acarreó la creación de la llamada dársena exterior, la cual supuso ganar una gran porción de terrenos al mar. Esto fue posible gracias a los créditos concedidos, una vez más, por el Banco Mundial.

De esta década destacan como obras importantes: el muelle de Reparaciones, Adosados, la prolongación del Reina Sofía, los nuevos talleres de reparación, los nuevos tinglados para mercancías y la nueva estación de pasaje, así como el desarrollo del Plan Especial de Urbanismo, el traslado de las concesiones de los varaderos a la dársena exterior y, por último, el proyecto Puerto-Ciudad en la zona de Santa Catalina.

Con estos nuevos rellenos se asentaron las bases de la actual configuración portuaria, con la puesta en servicio de las terminales de contenedores N-1 y N-2 en el muelle de Gran Canaria y Virgen del Pino.

Estas importantísimas obras coincidieron con la introducción a mayor escala del contenedor como elemento de carga, que ya venían tímidamente demandando navieras y usuarios. Fue la compañía naviera Contenemar la que introdujo en el año 1970 de forma masiva este elemento como unidad de carga. Aunque ya era usado muchos años antes en otras partes del mundo y, especialmente en Estados Unidos, no terminaba de introducirse en nuestro trá-

Contenedor cerrado de 40 pies de longitud para el transporte de mercancías.

Página portadilla.
Carta náutica de la bahía de Las Palmas de Gran Canaria, editada en 1883. (Biblioteca Nacional.)

Edificio de Grupo Boluda
Corporación Marítima en
Las Palmas de Gran
Canaria.

Operaciones de
carga-descarga
de contenedores
mediante una grúa
tipo *portainer*.

fico nacional de cabotaje. La causa residía probablemente en el hecho de que dicho tráfico estaba oficialmente protegido, reservado en exclusiva para las navieras de bandera española que explotaban un tipo de buque frutero mixto en su tráfico, para el que no existía el peligro de la competencia. Pero como a la modernidad no se le puede poner frenos proteccionistas, acabó ganando la batalla el contenedor, aun con la oposición frontal de los influyentes cosecheros exportadores isleños, que marcaban el ritmo y tipo de construcción a las navieras al encargar a los astilleros la construcción de nuevos buques.

Por aceptar lo hicimos hasta con el vocablo "teu", para referirnos a los contenedores de 20 pies o 6 metros.

Todavía recuerdo aquel importante exportador de plátanos de Arucas que aseguraba con rotundidad que su fruta nunca viajaría en esas «cajas perforadas», refiriéndose a los contenedores de las series B y NASU de 8 pies de altura que, en efecto, estaban totalmente perforados para permitir que el aire refrigerado que se inyectaba a las bodegas pudiera penetrar y circular libremente entre la fruta, impidiendo así su prematura maduración.

La compañía Naviera Gerencia Marítimo Frutera estaba representada en este puerto por la consignataria Bordes Claverie, dirigida por el entrañable y siempre recordado amigo don Armando Bordes. Dicha compañía, cuyos buques se denominaban todos ellos delfines, y se hallaban pintados de un color amarillo canario, mandó construir para usar en sus barcos un híbrido entre el clásico contenedor y una jaula platanera. Aunque al principio tuvo relativo éxito, pues se adaptaban mejor a los buques no contenedores, con la desaparición de estos buques mixtos terminó por rendirse ante la mayor operatividad del contenedor normal de 20 pies de largo y 8 pies de altura.

Como ya dijimos, a la sombra de esta nueva modalidad de carga se crearon las terminales de contenedores por medio de concesiones administrativas a empresas privadas, aunque con la obligatoriedad de manipular sus cargas con personal portuario perteneciente a la, por entonces, nueva sociedad Sestiba.

Estas primeras terminales de servicios para contenedores fueron La Luz, Compañía Marítima de Consigna-

Explanada de contenedores de la terminal La Luz, propiedad de Grupo Boluda Corporación Marítima. Entre los contenedores son visibles las grúas tipo *trastainer*, imprescindibles para su apilado.

ciones y OPCSA, operando las dos primeras en el muelle N-1 y la última en el N-2.

Con la nueva modalidad de trabajo comenzaron a verse grúas hasta entonces desconocidas en nuestro puerto, capaces de levantar hasta sesenta toneladas. Se trata de grúas del tipo panamax y postpanamax, denominadas así en referencia a las medidas del canal de Panamá, con las cuales se modernizó definitivamente la estiba y desestiba en nuestro puerto.

Para los trabajos sobre terminal quedan atrás las antiguas carretillas Lyster de color verde que tiraban de varias plataformas y que tan populares se hicieron en las operaciones de la exportación de frutas. Ahora se opera con nuevas máquinas elevadoras que utilizan un sistema de enganche para el contenedor denominado *sprader*. La manipulación de los contenedores de un lado a otro se realiza mediante las carretillas pórtico o *straddle carrier*, máquinas especializadas en trasladar y apilar contenedores.

La antigua Ley de Protección y Renovación de la Marina Mercante quedó superada con la incorporación de España

Buque portacontenedores
de Grupo Boluda
Corporación Marítima
atracado en el puerto de La
Luz.

Buque portacontenedores
Verónica B,
de Grupo Boluda
Corporación Marítima.

a la CEE. Desaparecieron los monopolios en el tráfico marítimo nacional y se hizo posible que nuevas navieras, sobre todo extranjeras, comenzaran a sentirse atraídas por el desarrollo de sus actividades en el tráfico Península-Canarias. No obstante, la brutal caída de los fletes a raíz de la desaparición de la Copecan (conferencia de fletes Península-Canarias), terminaría desanimándolas a entrar en el tráfico con la península y, en consecuencia, acabaron fijándose en nuestro puerto sólo como plataforma de distribución, apoyadas por otros grupos navieros nacionales como Naviera Pinillos o la Compañía Trasatlántica que con buques más pequeños harían de repartidores o *feeders* entre Canarias y los distintos puertos peninsulares.

De este modo tan poco previsible y original, nuestro puerto se vio convertido, de la noche a la mañana, en un gran puerto *hub* (plataforma), donde las principales navieras mundiales, como Mediterranean Shipping, Maersk, Safmarine, P&O, etc., encontraron el lugar ideal para desarrollar las

nuevas estrategias comerciales de utilizar gigantescos buques
con capacidad para 10.000 teus, capaces de mover en una sola
jornada 150 contenedores gracias a la profesionalidad y el buen
equipamiento de estas nuevas terminales.

En 1987 comenzó la demolición de las tuberías del
espaldón del antiguo dique del Generalísimo, hoy muelle
León y Castillo, posibilitando el desarrollo de esta zona
que más adelante culminaría en la nueva terminal de contenedores de OPCSA.

El crecimiento en los últimos años de este tipo de carga
gracias a la modalidad de puerto *hub* ha sido espectacular,
alcanzándose la mítica cifra, en el año 2003, del millón de
teus, lo que hace que nuestro puerto entre a formar parte
del selecto club del millón. En España, sólo Barcelona,
Algeciras y Valencia han alcanzado esta cifra, y en el mundo
no más de cien puertos pueden presumir de este galardón. Con 9,9 millones de toneladas, le supone un 75 % de
contenerización.

En el mismo período de la introducción de la flota comu-
nitaria de pesca, se construyó un macrofrigorífico, como el
Spanish-Pelagic, para el almacenaje y distribución de este
tipo de pesca, alcanzándose en el cierre de 2003 la cifra de
21,8 millones de toneladas de tráfico, nunca antes lograda.

Este mismo año se liberó superficie para la zona de
actuación puerto-ciudad, que será la gran obra del futuro
en nuestra ciudad.

Vicente Boluda Fos,
presidente de
Grupo Boluda
Corporación Marítima.

Muelle de la terminal
de contenedores La Luz,
propiedad de Grupo Boluda
Corporación Marítima,
durante las operaciones de
carga y descarga de un
buque portacontenedores.

Buque portacontenedores
Verónica B, amarrado
en el puerto de La Luz.

En paralelo se acometieron las obras del muelle de Cambulloneros y la prolongación del dique Reina Sofía.

Asimismo, dieron comienzo las obras del dique de la Esfinge y se continúa con los rellenos del antes mencionado muelle de León y Castillo, que ocupará una superficie de 143.479 m, con una línea de atraque de 950 m en el lado de poniente y un calado de 13 m, y de otra línea disponible para el atraque por el lado naciente de 600 m, con un calado de 22 m.

Por otro lado, se ha dado impulso a la promoción de la zona franca del puerto de Las Palmas mediante la construcción de un edificio emblemático que le servirá de sede oficial. Paralelamente, se han urbanizado las antiguas parcelas ocupadas por la factoría Disa y se ha implantado un sistema integral de gestión medioambiental.

Toda esta frenética actividad que experimenta el puerto de La Luz en estos años se debe a la nueva política de la autoridad portuaria, pero muy especialmente a la decidida apuesta empresarial privada en terminales, consignatarios, navieros, reparaciones navales y frigoristas, entre otras iniciativas empresariales. Valga como ejemplo la adquisición en 2006 de la terminal La Luz por Grupo Boluda.

Carga de la plataforma de un camión semirremolque con un contenedor suspendido del *spreader* de la grúa.

EL TRÁFICO DE PASAJE

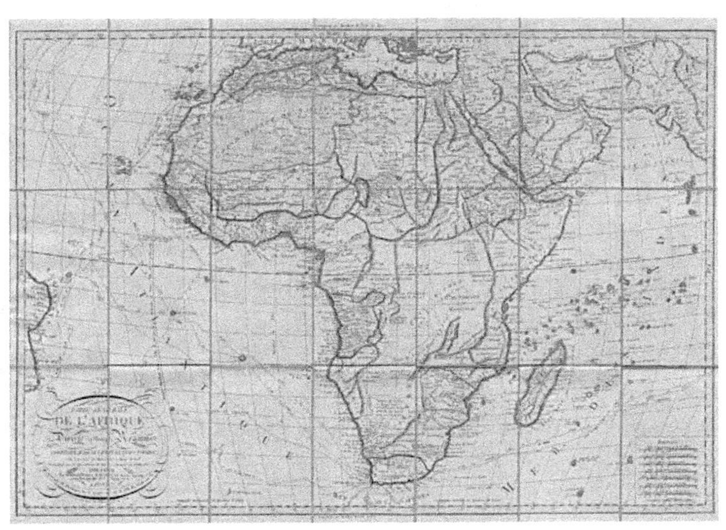

Estampa de un amanecer desde el muelle, primera década del siglo XX. (Archivo Fedac.)

En todos los puertos del mundo existe una serie de
tráficos que a los puertos le viene dado o impuesto de manera natural por su propia situación geográfica. No es de extrañar que el puerto de Gijón, por ejemplo, haya destacado
por su especialización en cargas de minerales, ya que ésta
sería la salida lógica y natural para el mineral de carbón de
las minas asturianas. El de Agadir, en Marruecos, se especializa en el tráfico de pescado, ya que se encuentra ubicado en
el corazón de uno de los bancos pesqueros más importantes
del mundo.

El puerto de La Luz está situado en la latitud 28º 09' N
y longitud 15º 25' W, lo que significa que es la antesala o
puerta de entrada a tres continentes y, si a eso le sumamos su
característica de insularidad, resulta obvio que sus habitantes
hayan necesitado utilizarlo a través de los siglos para comunicarse con el mundo, pero no sólo como lugar de exportación
e importación de productos y mercaderías, sino para el mismo tráfico de personas, lo que denominamos pasaje.

Desde la misma conquista, en 1498, nuestro puerto cumple con esta función, que a la postre ha traído junto a la cultura, el bienestar y el progreso, también desgracias de gran
magnitud: grandes epidemias como la del cólera de 1851, la
cual arrasó con un tercio de la población, o la de la gripe que
trajera el *Valbanera* en su penúltimo viaje, en 1919, aunque en esta ocasión sólo afectara a treinta emigrantes que, la-

Página portadilla.
Carta náutica de África,
editada en París en 1829.
(Biblioteca Nacional.)

Entrada al muelle de Santa Catalina, con el edificio de las compañías Elder, a la izquierda, y Miller a la derecha, con tartanas para el paseo de los turistas, a inicios de la década de 1930. (Archivo Fedac.)

mentablemente, no pudieron superar la enfermedad. La noticia causó tal alarma social entre nuestra gente que un periodista local escribía: «… Como si los capitanes españoles fueran hijos del hospicio», pretendiendo poner en entredicho la formación profesional de nuestros oficiales de la marina mercante.

Al ser éste un puerto de escala casi obligada para los veleros primero, más tarde para los motoveleros y, por último, para los trasatlánticos, hace que éste sea un lugar ideal para «tomar el vapor» hacia las Américas.

En lo que al tráfico de pasaje propiamente dicho se refiere, podríamos hacer una división atendiendo a sus distintas modalidades. Tráfico nacional, donde incluiríamos los interinsulares; los procedentes del extranjero y, por último, el denominado tráfico de cruceros. Aunque el origen de éste también podría ubicarse en el grupo extranjero, su particularidad esencialmente turística lo hace merecedor de formar un grupo propio, como veremos más adelante.

Como curiosidad anotamos que aunque nuestro puerto atiende y participa de este tipo de tráfico desde su creación, no ha dispuesto hasta principios del presente siglo de unas edificaciones específicas, más allá de las clásicas marquesinas dedicadas a este menester, hoy desaparecidas. Como ocurre en la mayoría de los puertos de pasaje, las estaciones marítimas no sólo están siempre presentes, sino que suelen ser edificios emblemáticos del puerto; algunas de ellas mundialmente famosas, como la Puerta de la India, construida para recibir a la Reina Victoria, o las mil veces fotografiadas estaciones de Nueva York o la Marítima de Sydney.

Probablemente, este despiste urbanístico portuario se deba a las ventajas jurídico-administrativas de las que ha gozado nuestro puerto al beneficiarse de la Ley de Puertos Francos de Bravo Murillo. Esta ley hacía prácticamente innecesarios los recintos aduaneros, permitiendo el libre tránsito de las personas; por otra parte, la benigna meteorología permitía durante todo el año que aquellas personas que se disponían a viajar o esperar a los pasajeros no tuvieran que resguardarse de las inclemencias del tiempo mientras esperaban a que llegara o partiera «el vapor».

Si tuviéramos que buscar una naviera nacional pionera en el tráfico de pasaje que siguiera vinculada a nuestro puerto, aunque ya dedicada a otro tipo de tráfico, la encontraríamos en la Naviera Pinillos, que ostenta el título de la más antigua de España y de Europa en activo, seguida de la Cía. Trasatlántica.

La primera incorporación a nuestro puerto con escalas regulares fue a principios del siglo XX, al abrir sus líneas de pasaje con América y las Filipinas españolas, a pesar de los sucesos bélicos de 1898.

De aquella época destacan los tres primeros trasatlánticos, construidos en Escocia para atender la línea con América del Sur y escala en La Luz. El *Valbanera* entró en servicio en 1906 y se hundió en 1919 frente a las costas de Cuba, a consecuencia de un terrible huracán que azotó la zona un tristemente recordado 10 de septiembre en el que murieron 488 emigrantes, la mayor parte de ellos de origen canario. La noticia se recibió en Canarias el día 19 de septiembre y en nuestros corazones siguen presentes aquellos valientes canarios que, pensando en el bienestar de sus familias, no dudaron en dejarlo todo para probar fortuna en tierras americanas. La ciudad tenía una deuda con ellos y era recordarlos con un monumento que sirviera al mismo tiempo de homenaje a todos los que a lo largo de la historia no consiguieron llegar a su destino, teniendo que pagar un alto precio por ir en busca de algo tan noble como es el trabajo para la prosperidad de los suyos. En el año 2005, gracias a una moción al respecto de la señora concejala del M.I. Ayuntamiento de Las Palmas de Gran Canaria doña Bernarda Barrios, *Nardi,*

El *correíllo*, en una imagen de 1915. (Archivo Fedac.)

El trasatlántico *Valbanera*, en servicio desde 1906 hasta 1919, cuando se hundió frente a las costas de Cuba.

quedó aprobada su colocación en un lugar de la ciudad aún por determinar.

Los vapores *Cádiz* y *Barcelona* entraron en servicio dos años más tarde, siendo versiones modificadas y mejoradas del *Valbanera*.

Por su parte, la Cía. Trasatlántica operó con los trasatlánticos *Reina Victoria Eugenia* e *Infanta Isabel de Borbón*.

La competencia que estas dos compañías mantenían en sus líneas regulares con América beneficiaba directamente a nuestro puerto, pues propiciaban el auge de un proceso de emigración que generaba importantes ingresos derivados de la actividad portuaria. Estos primeros buques trasatlánticos de bandera española alcanzaron por su modernidad la más alta calificación del Lloyd Register.

La Primera Guerra Mundial trajo consigo un aumento extraordinario en la demanda de buques que, como los españoles, pertenecieran a pabellones neutrales y, además, lugares para el embarque de pasajeros en puertos como el de La Luz, alejados de la contienda. Todo ello acarreó como consecuencia directa un auge espectacular de este tipo de tráfico. Desgraciadamente, esta alegría ocasional duraría poco tiempo, pues la escasez de carbón, combustible vital para aquellos buques con máquinas de vapor de triple expansión que se abastecían en nuestro puerto, consiguió mermar la actividad de éstos.

A pesar de ello, estas compañías no interrumpieron sus líneas con América, aunque rebajaron el número de escalas, y así siguieron en el tráfico de pasaje hasta bien entrada la década de 1960, cuando comenzaron a combinar pasaje (poco) con el transporte de fruta al continente europeo, principalmente al Reino Unido y, algo más tarde, a la península Ibérica.

Si importante fue el papel desarrollado por nuestro puerto en el tráfico de pasaje con América, no lo fue menos la atención prestada a las comunicaciones entre las Islas Canarias, siendo ésta la única forma posible de acercar las personas a la isla capitalina poseedora del poder económico y administrativo casi en exclusiva, tan propio de los centralismos institucionales de la época y que en Canarias, por su condición de insularidad, pesaba como una losa que hacía aún más difícil la vida en las islas adyacentes; situación que comenzó a cambiar coincidiendo con el *boom* turístico de los años sesenta del pasado siglo y se consolidó con la llegada de la democracia en 1978.

Las concesiones para estas líneas llamadas de cabotaje interior o interinsulares se llevaron a cabo en 1887 a favor de la Compañía de Vapores Correos Interinsulares Canarios, naviera filial de la inglesa Elder&Dempe, ya establecida en Gran Canaria años atrás.

Esta nueva naviera incorporó al servicio de pasajeros los vapores *Viera y Clavijo* y *León y Castillo,* ambos de grato recuerdo para los que ya peinamos canas.

El éxito y las nuevas posibilidades que ofrecían en cuanto al traslado de personas de una isla a otra, venían a romper de alguna manera aquella percepción, viva hasta ahora, de lejanía y abandono que impone la insularidad y que hizo que pronto se incorporaran los nuevos vapores *Pérez Galdós, Mogador* y *Congo,* a los que se irían sumando los *correíllos* playeros.

Hay que destacar esa peculiaridad, ya que estos cinco correíllos no sólo escalaban en los puertos capitalinos, sino que se aproximaban a distintos pueblos de la isla donde hubiera un embarcadero más o menos aceptable o simplemente una playa que permitiera su aproximación en condiciones de poder arriar un bote para recoger el pasaje en la orilla.

Entre sus funciones, también existía la de trasladar alguna joven «camella», «burra» e incluso «machorras» que debieran viajar temporalmente a otra isla, con la sana intención de que un semental local que según los entendidos fuera el mejor (famosos fueron un camello en Fuerteventura y un burro en La Gomera) pudiera transmitir sus valiosos genes para refrescar la consanguinidad. Éste era un problema muy propio de las islas, al tener que cruzar animales que al poco tiempo terminarían siendo parientes. Pienso que el sacrificio de embarcar al animalito merecía la pena, pues no sólo beneficiaba a su dueño con la futura descendencia más pura y segura, sino que, a la postre, haría inolvidable el tormento y estrés que le supondría al pobre animal el tener que viajar en aquellas condiciones; pero ya se sabe que en esto del amor «quien buen norte tiene, seguro va y contento viene» (refrán marinero).

Estas escalas intermedias que hoy nos parecen hasta pintorescas no nos deben extrañar. Tengamos en cuenta que a

El puerto de las Nieves, en Agaete. (Fotografía de Teodoro Maisch, entre 1925-1930; archivo Fedac.)

Antonio Armas Curbelo
(1899-1985), fundador de
Naviera Armas, SA.

principios del siglo XX las comunicaciones terrestres, debido por una parte a la orografía del terreno y, por otra, a los escasos medios de locomoción mecánica y de animal de tiro, unido a las distancias entre los núcleos poblacionales y el puerto de La Luz, hacían de esta modalidad una práctica común, consiguiendo así una verdadera asociación simbiótica entre la compañía naviera y los usuarios habitantes de la isla.

En el caso particular de Gran Canaria, estos buques hacían escala en Arguineguín, Arinaga, bahía de Gando, la aldea de San Nicolás, Sardina del Norte y Agaete. Este tráfico regular con salidas semanales supuso un importante *handicap* en el desarrollo del comercio, ya que hacía posible por primera vez en la historia que las islas no capitalinas se pudieran sumar de forma efectiva al negocio de la exportación de sus productos, sin la necesidad de tener que instalar una casa representante o sucursal en la isla mayor.

La estampa típica de aquel muelle de Santa Catalina sería la del ir y venir de los pasajeros, con sus maletas de cartón forradas de tela beis con dos rayas rojas, empuñaduras de cuero y abrazadas todas ellas por una cuerda de esparto, a modo de medida de seguridad ante un posible cese de sus cerraduras metálicas.

Es de suponer y fácilmente comprensible que cuando atracaba el correíllo la vida en el muelle se alteraba de forma notoria, llenándose ésta de colorido y bullicio que se entremezclaba con el traqueteo de las tartanas en un ir y venir sobre los adoquines de piedra, siempre brillantes y perfectamente alineados, que configuraban la vía principal hasta el mismo parque de Santa Catalina. Es una pena que no se hayan conservado las preciosas marquesinas de estilo modernista allí existentes, pues si bien su cometido quedó superado cuando se construyó la estación marítima, su belleza arquitectónica las hacía merecedoras de un final más digno.

Durante la Primera Guerra Mundial la escasez de carbón obligó a la naviera a retirar los correíllos *Palma*, *Viera y Clavijo* y *León y Castillo,* dejando sólo en servicio a los vapores menores. Como resulta lógico, la crisis del carbón golpeó aquellas compañías de pasaje que operaban en el puerto de La Luz, aunque al término de la contienda se incorporarían nuevos servicios a este pasaje interinsular.

En 1930, la naviera Vapores Correos Interinsulares Canarios fue adquirida por la compañía Trasmediterránea, que abrió al tráfico nuevas líneas con las colonias españolas en África, como El Aaiún, Villa Cisneros, Ifni y la Güera, convirtiendo de nuevo a nuestro puerto en una plataforma logística necesaria para el desarrollo de estas regiones.

Con el amarre de estos correíllos se iría incorporando al tráfico otro tipo de buques fabricados en los astilleros valencianos y que los canarios conocíamos como los *mariquillas,* debido a que tenían nombres de vírgenes, como *Santa María del Pino, Santa María de las Nieves, Santa María de la Candelaria* o *Santa María de la Paz.*

El muelle de Santa Catalina seguía siendo el lugar por excelencia para el embarque y desembarque de pasajeros, por lo que no es de extrañar que se mantuviera en reformas de mejora y adaptación casi continuamente, como las rampas que tuvieron que construir cuando se incorporaron los pequeños transbordadores del tipo *pax-ro,* como el *Ciudad de La Laguna* y *Villa de Agaete,* que poseían la novedosa particularidad de que podían descargar el rodante (coches, plataformas o camiones) tanto por la popa como por la proa, ya que ésta era abatible y disponía de una rampa móvil que la hacía muy operativa.

Como es de suponer, en un muelle como el de Santa Catalina el ajetreo de pasaje y carga casi constantes hacían de él algo particular y un tanto entrañable dentro del conjunto de muelles que forman el puerto de La Luz. No hay un solo canario que no lo conozca, hasta el extremo que cuando en el interior de la isla se habla del puerto lo que viene a la mente es el muelle de Santa Catalina. Siendo uno de los más pequeños, es el que más historia y anécdotas nos ha dejado.

Al principio de la década de 1990 se puso de moda en algunas familias gitanas experimentar con Canarias, lo que años atrás ya venían haciendo con las Islas Baleares, y con éxito: se embarcaban varios grupos de gitanos en el trasbordador que los traía de la península y, después de pasar una pequeña temporada en las islas dedicándose a sus labores, el gobernador civil solía devolverlos a su origen, pagándoles el pasaje, a cambio de que abandonaran la fea estampa que daban cuando ejercían de pedigüeños ante los turistas por las playas de la isla.

La charca y las dunas de Maspalomas, con el faro de ayuda a la navegación, al fondo a la derecha, en una imagen de 1960. (Archivo Fedac.)

El autor con Manuel García de la Torre, director de Naviera Armas, SA, y un significativo valedor del puerto de La Luz.

En una ocasión, uno de esos trasbordadores que se disponía a descargar por popa sobre la rampa del muelle de Santa Catalina, transportaba un burro con su gitano correspondiente y, como mandan las normas de estiba y desestiba, sería lo primero que había que desembarcar. El animal caminaba decidido y con paso firme por el garaje, guiado por su amo, pero he aquí que al llegar a la intersección de la rampa metálica del buque con el tacón o rampa del muelle, se asustó al ver los ligeros movimientos hacia delante y hacia atrás que provocaba la propia acción de la marea en un barco atracado, y se plantó literalmente. No había quien lo moviera. El gitano tiraba de él por la cabeza y el contramaestre y alumno de puente empujaban con todas sus fuerzas por las corvas, pero el burro seguía inmóvil. Un guardia civil de uniforme que desde tierra esperaba para dirigir el tráfico mientras salieran los vehículos observaba el espectáculo que estaba ocasionando más de una risa entre las personas allí congregadas. De repente, decidió, con la autoridad propia que le daba su uniforme, incorporarse a la acción, y eligió como lugar de empuje justo aquél donde el lomo del animal pierde su tan noble nombre. Tan pronto el burro sintió las manos de aquel guardia civil levantó sus patas traseras y le propinó una coz que lo desplazó unos diez metros hacia el interior del garaje del buque; este golpe le produjo la rotura de tres costillas que lo mantendría fuera de servicio durante una buena temporada. Las carcajadas de los gitanos allí congregados no se hicieron esperar, pero lo más sorprendente fue que después del lamentable incidente el burrito bajó tranquilo su rampa, por propia voluntad. Las malas lenguas aseguraban que mientras el guardia civil se colocaba detrás del animal, el gitano le susurró algo al oído de éste. ¡Nunca supimos qué le sugirió!

Si hay armador canario identificado con nuestro puerto, éste sería, sin duda, don Antonio Armas Fernández, natural de Lanzarote y a quien le cabe el gran honor de ser pionero en incorporar al tráfico entre islas los primeros buques tipo *ro-ro*, que familiarmente conocemos como los *rolones*. Su introducción no fue fácil ni cómoda, pues a nuestro puerto, que hasta entonces se había caracterizando por estar a la vanguardia en cuanto a instalaciones y medios adecuados para atender toda clase de buques, esta vez *lo cogió el toro*. Pero para este valiente «conejero», un olvido de esta categoría por parte de las autoridades portuarias no podía de ninguna manera frenar sus ilusiones y ganas de modernizar la flota, así que sufragó de su propio bolsillo las obras necesarias para la construcción de la primera rampa que posibilitaría el que estos buques pudieran operar a plena satisfacción.

Fue en 1974 cuando los dos primeros buques rolones, el *Volcán de Yaiza* y *Volcán de Tahíche,* se convirtieron en motivo de admiración para propios y extraños al verlos operar con sus 82 m lineales de carga, capaces de trasportar nada menos que ocho camiones, que entraban y salían por aquella rampa en sólo unos minutos. Pueden creerme que en los tiempos que corrían aquello suponía todo un espectáculo de modernidad.

En el año 1995, la Naviera Armas se incorpora al tráfico de pasaje entre islas con cuatro buques. No deben extrañarnos las fechas, pues fue precisamente ese año cuando le fueron trasferidas a la comunidad autónoma las competencias en esta materia en régimen de autorización administrativa para ser responsabilidad exclusiva del Gobierno de Canarias que, con gran acierto y siguiendo las directrices y recomendaciones de la CEE, permitió o favoreció que se rompiera el monopolio del que hasta ahora disfrutaba la compañía Trasmediterránea en esta clase de servicio entre islas.

Es cierto que más tarde se creó alguna fórmula de dominio comercial disfrazada de conferencias marítimas, pero la entrada en escena de otro operador, aunque éste haciéndolo desde el puerto de Agaete, hizo prácticamente insostenible esta práctica comercial, por otra parte completamente legal, si se aplica en su forma más ortodoxa.

A nuestro puerto, posiblemente debido a su universalidad histórica, los proteccionismos comerciales, sean del tipo que fueren, siempre le han perjudicado más que beneficiado. No olvidemos que fue precisamente un decreto sobre la libertad comercial con América, promulgado por el buen Gobierno de Carlos III, lo que propició que la isla y su puerto alcanzaran su primer papel sobresaliente en el mundo: nos referimos a los Reales Decretos de 16 de octubre de 1765 y, algo más tarde, el del 2 de febrero de 1778, detallado con mayor amplitud en capítulos anteriores.

Pero volvamos a nuestra naviera canaria, la misma que desde 1969 capitanea acertadamente mi entrañable amigo

Imagen del trasatlántico *Queen Mary* atracado en el puerto de La Luz, a principios de la década de 1960. (Archivo Fedac.)

Manuel García de la Torre, hombre muy apreciado en el sector portuario a quien nada de lo que ocurre en nuestro puerto le es ajeno, siendo habitual encontrarle implicado, siempre de manera altruista, en cualquier proyecto que tenga como objetivo el engrandecimiento de La Luz. Su amor por el puerto lo comparte con el que depara a la hermana isla de La Palma. Una nueva estrategia comercial trajo consigo un cambio de denominación de la compañía, que pasó en lo sucesivo a llamarse Naviera Armas, SA.

Los buques del tipo *ro-pax* que ejercerían de abanderados en esta nueva etapa fueron el *Volcán de Tauce* y el *Volcán de Tejeda,* que habían sido construidos en los astilleros Hijos de J. Barrera, en Vigo. En 1996 se sumaría el *Volcán de Tamasite,* que unió por primera vez a nuestro puerto con Morro Jable, en Fuerteventura. Se adquirió también el transbordador *Ciudad de la Laguna,* que sería rebautizado con el nombre de *Volcán de Tenagua* y destinado a una nueva modalidad, la cual se haría muy popular entre nuestros queridos amigos de la tercera edad: nos referimos a los llamados «cruceros de día», que tanto éxito cosecharon.

En el año 2000 se incorporó el *fast ferry Volcán de Tauro,* de diseño vanguardista y capaz de transportar ochocientos pasajeros con quince o veinte furgones; pero una serie de problemas técnicos, el precio del combustible que ya galopaba en constante escalada y la fuerte competencia de la compañía Fred Olsen, que se adelantó con su nuevo buque

El buque de pasaje
Aida Blu atracado en
el puerto de La Luz.

fast ferry traído de Australia para cubrir la línea Agaete-Santa Cruz, propiciaron la desaparición definitiva del primero.

El transporte aéreo ejerce una dura competencia en el tráfico de pasajeros entre islas. A pesar de ello, los bajos precios que podían ofrecer las compañías marítimas como Trasmediterránea, que contaba con el monopolio del transporte por mar de viajeros, con importantes subvenciones estatales y la tremenda comodidad que suponía para el viajero la ubicación geográfica de nuestro puerto dentro del mismo corazón de la ciudad, propiciaban que un gran número de personas prefiriera seguir utilizando el medio marítimo para su desplazamiento entre islas.

Por su parte, el muelle de Santa Catalina se seguía adaptando y transformando al ritmo que marcaban los nuevos tiempos, con la colocación de plataformas flotantes que hacían más cómodo el embarque y desembarque de los pasajeros y favorecían, al mismo tiempo, el atraque físico de estas nuevas embarcaciones rápidas tipo *jet foil,* como el *Princesa Voladora,* que realizó su primer viaje el 27 de julio de 1980, ofreciendo un precio de tan sólo 1.800 pesetas por trayecto.

Después del éxito de esta primera embarcación rápida, se incorporaron el *Princesa Guayarmina,* en 1981, y el *Princesa Guacimara,* un año más tarde. No cabe duda de que la presencia de estas auténticas «flechas voladoras», capaces de deslizarse sobre el mar a velocidades de vértigo, marcó una nueva dinámica en el transporte marítimo.

Edificio de la Aduana
de Las Palmas.

Edificio de la Autoridad
Portuaria de Las Palmas.

Aunque estos buques se hicieron verdaderamente populares entre la población isleña, la estampa que ofrecían deslizándose suavemente sobre las tranquilas aguas de la bahía de las Isletas, otorgaba una excelente imagen de modernidad al puerto de La Luz. Debemos recordar que ya en 1966 se hicieron los primeros intentos con otras embarcaciones parecidas, como la hidroala *Corsario Negro,* que era capaz de alcanzar velocidades de hasta 53 nudos, pero que a causa de una serie de problemas técnicos y administrativos de la Dirección General de Aduanas, que obligaba a la compañía explotadora del servicio, Marítimo Antares, a abonar 17 millones de pesetas para lograr la autorización provisional de la línea entre Las Palmas de Gran Canaria y Santa Cruz de Tenerife, propiciaron que aquel primer proyecto de modernización en el tráfico de pasaje en nuestro puerto no pasara de ser un bonito pero triste sueño.

Como exponíamos al principio de este capítulo, el puerto de La Luz se convirtió en escala técnica constante para aquellas grandes compañías europeas que operaban en los tráficos de pasaje y, más tarde, de cruceros que desde Europa se dirigían a América Central, Sudamérica y Asia.

Nuestra situación geográfica privilegiada, unida a las grandes posibilidades técnicas que ofrecía el puerto, favorecido por las ventajas de un estatus jurídico que le otorgaba el ser puerto franco y, en consecuencia, la siempre disponibilidad y los buenos precios del combustible, primero carbón y luego los derivados del petróleo, experimentaban una atracción difícil de obviar para unos armadores con sed de buenos negocios. Algunos nos visitaban con asiduidad desde 1916, como es el caso de la compañía noruega Fred Olsen, a la que por su fidelidad al puerto debería otorgársele el título de hijo adoptivo de esta ciudad, porque el galardón de mejor cliente del año ya lo posee. Trasatlánticos italianos como el *Leonardo da Vinci* o *Michelangelo,* franceses, como el *France,* holandeses como el famoso trasatlántico *Rótterdam,* de la Cía. Holanda American Line, portugueses como el *Vera Cruz* y el no menos atractivo *Santa María,* que hiciera famoso el capitán Galvão al secuestrarlo y desviarlo de su ruta como protesta por la situación política que atravesaba su país, navieras argentinas, griegas, rusas, etcétera, eran banderas habituales para el viandante del paseo de las Alcaravaneras, ya

Recibimiento del trasatlántico *Queen Mary 2,* el 17 de enero de 2004, en su primera escala en el puerto de La Luz durante su travesía inaugural.

que por aquel entonces, la actual avenida Marítima era sólo un proyecto que había que desarrollar sobre el litoral costero de una ciudad cuyo crecimiento se antojaba imparable.

A partir de 1970 y propiciado por la fuerte competencia que comenzaba a aflorar con los grandes aviones transoceánicos, comenzó el declive de estos costosos buques que empleaban verdaderas legiones en su tripulación y que, a la postre, mantenían en alza un servicio por el que nuestro puerto alcanzaría fama universal. Nos referimos al avituallamiento.

De forma inexplicable coincide en el tiempo con una política poco práctica por parte de la administración portuaria, por no decir nefasta, pues se pretendió compensar la falta de ingresos por la reducción de escalas subiendo los precios que en concepto de tasas se cobraban por el atraque de los buques. Esta desafortunada práctica derivó en que aparecieran nuevas fórmulas, como la de los buques «apoyados», que atendían en fondeo las necesidades propias de las escalas técnicas, como tomas de combustible a flote, aguadas, reparaciones, cambios de tripulación…

No fueron años de bonanza; hasta que bien entrada la década de 1980 los grandes buques de pasaje de la flota rusa irrumpieron en esta modalidad de cruceros cortos con gran éxito, gracias a sus atractivas tarifas. La nueva estampa que el puerto ofrecía nos animaba a soñar con una recuperación económica del mismo, que pronto se consolidaría con la visita repetida año tras año de aquellos buques, principalmen-

Edificio de la Estación
Marítima de Las Palmas.

te en la temporada de otoño-invierno. Trasatlánticos como el *Mksin Gork, Alexandr Pushkin, Tara Shechenco, Estonia, Stefan Batory...* Así hasta unos cincuenta buques que volvían la alegría al viejo dique del Generalísimo, que ejercía por entonces como la mayor gasolinera del Atlántico norte.

Hablar en Gran Canaria de turismo, tenga la procedencia que tenga, es hablar de uno de los pilares de nuestra economía, por lo que el mundo de los cruceros es un diamante que hay que pulir, cuidar y conservar con el mayor de los esmeros. En el puerto de La Luz siempre se ha sido consciente de la tremenda responsabilidad que se tiene en este campo, por otra parte irrenunciable para la isla.

La mayor muestra de que el puerto y la ciudad comparten en perfecta simbiosis una misma inquietud en cuanto a la defensa y los intereses que les son comunes, la tenemos en el tremendo éxito obtenido en todos los aspectos cuando este puerto recibió al mayor y más moderno buque de pasaje del mundo; nos referimos, cómo no, al *Queen Mary 2,* que en su viaje inaugural incluyó al puerto de La Luz. Decenas de miles de personas llegadas de todos los rincones de la isla se acercaron a la avenida Marítima y al muelle de Santa Catalina para dar la bienvenida a tan insigne visitante.

El muelle de Santa Catalina se habilitó, ampliándolo unos metros a lo largo y a lo ancho, y se dragó hasta los 13 m para que el atraque del coloso *Queen Mary 2* no tuviera ningún problema.

El buque hizo su aparición por la farola verde, cuando apenas empezaba a aclarar el día, e inmediatamente, a modo de saludo, respondió con su potente sirena a los miles de *flashes* que desde la avenida se disparaban sin cesar para inmortalizar aquel momento de gloria para nuestro puerto de La Luz.

El capitán y comodoro de la Cunard, Ronald W. Warwich, en una recepción que a las once de la mañana dio a bordo, en la que me cabe el gran honor de haber asistido como invitado, comentó el espectáculo que desde el puente de mando le ofrecían aquellas luces que desde la orilla le daban la bienvenida, añadiendo que aunque cuando se entra en un puerto de madrugada las normas aconsejan que, por respeto a la hora, se evite tocar la bocina, esta vez no pudo reprimirse y pensó que era una de esas ocasiones donde la excepción

Una espléndida imagen del remolcador *VB Alborán*, de la flota del Grupo Boluda, ante el *Queen Mary 2*.

confirmaba la regla, así que sin pensárselo dio dos pitadas largas que retumbaron en toda la ciudad para satisfacción de la multitud allí concentrada, que al interpretar la señal arrancó en un sonoro y espontáneo aplauso.

A la mencionada recepción asistieron una treintena de personas: autoridades civiles (Ayuntamiento, Cabildo, Gobierno de Canarias, Autoridad Portuaria), presidente de la Real Sociedad Económica de Amigos del País, algunos consignatarios locales, empresarios y varios periodistas de la prensa escrita, radio y televisión.

La alcaldesa de la ciudad, doña Josefa Luzardo, le entregó al capitán un libro titulado *Las Palmas de Gran Canaria. Patrimonio histórico y cultural de una ciudad atlántica;* el vicepresidente del Cabildo, don Miguel Jorge, una placa con una dedicatoria alusiva al día de la llegada del buque; también el Patronato de Turismo le hizo entrega de un presente, el presidente de la Autoridad Portuaria, una metopa del puerto de La Luz conmemorativa de la primera escala del buque,

Cruceros atracados en el puerto de La Luz. (Archivo Autoridad Portuaria de Las Palmas.)

El crucero *Arcadia*. (Archivo Autoridad Portuaria de Las Palmas.)

así como distintos obsequios por parte de la Corporación de Prácticos, Real Sociedad de Amigos del País, Grupo Boluda, Real Club Náutico, la Consignataria Hamilton y Cía. de manos de su presidente don Pedro Suárez Saavedra; y yo obsequié a su capitán con un poema que había escrito para la ocasión, que fue publicado ese mismo día en el periódico *Canarias 7* y que decía lo siguiente:

«Llegas y a lo lejos no ves nada
que te sepa a recuerdo,
ni tan siquiera a la memoria
que te dejó ese nombre. *Queen Mary*
que ya no es primero.

Ya no hay tartanas, ni cambulloneros,
y ese balcón que se asoma al mar
no era más que costa,
más que mar, ese mar que no es nuevo,
mar que es el mismo.

La ciudad te abraza entre sus puertos
y te tiende la mano
como a todo lo que a sus muelles llega;
gentes, culturas, progreso…
…no olvida a nadie… ya la ciudad
aunque quisieras no la reconocerías…
ahora tiene en su desmemoria
algún *Valbanera* presa del mar y del olvido.

La ciudad te abraza y te recibe
como lleva recibiendo a todos los hijos de tu Patria,
a quienes tanto debemos.

Los Swanston, Miller, Word, Pavillard…
Mezclaron para siempre nuestra sangre
enraizando en esta tierra.

Símbolo de la amiga Britania,
¡navega en paz por estos lares atlánticos
de la Hispania inmortal!

¡Bienvenido a Gran Canaria, *Queen Mary*!»

Ante la gran multitud que se agolpaba en el muelle, el capitán sir Ronald W. Warwich consideró que debía bajar a tierra a dar las gracias personalmente al pueblo grancanario que tan espectacular bienvenida le había ofrecido, lo cual hizo desde la cercana estación marítima que lucía engalanada cientos de banderas al viento.

A las 19.30 h de ese mismo día, el *Queen Mary* se despidió de Gran Canaria rumbo a América con otro espectáculo que en la bahía de la Isleta le propiciaban los remolcadores del Grupo Boluda, *VB Alboran, VB Balear y VB Mediterráneo,* haciendo sonar las sirenas. Al mismo tiempo, con sus mangueras (cañones) contra incendio, lanzaban al aire potentes chorros de agua que se entremezclaban con un sinfín de fuegos artificiales, formando todos ellos maravillosos abanicos acuáticos, haciendo inolvidable la despedida de aquel maravilloso sábado del 17 de enero de 2004, donde hasta la naturaleza quiso unirse al espectáculo alejando la famosa «panza de burro» que de forma casi perenne acompaña a la ciudad de Las Palmas de Gran Canaria, dejando que esta vez el sol brillara con todo su esplendor sobre nuestro puerto de La Luz.

Realmente, desde la avenida Marítima la percepción sería la de una película en directo que será muy difícil de olvidar, para los que amamos desde lo más profundo de nuestros corazones a nuestra patria chica, Gran Canaria, y su puerto de La Luz en la bahía de las Isletas.

Es justo hacer un público reconocimiento de gratitud a todos aquellos que colaboraron para que ese día fuese un verdadero éxito: Autoridad Portuaria, Asociación de Consignatarios de Buques de Las Palmas, Corporación de Prácticos, Ayuntamiento de Las Palmas de Gran Canaria, Cabildo Insular, Gobierno de Canarias y pueblo grancanario en general; pero también no debemos olvidar que todo fue en gran parte posible gracias a la labor oculta, constante y decidida de un gran patriota y hombre de nuestro puerto, don Pedro Suárez Saavedra, quien, desde años atrás, cuando tuvo conocimiento del proyecto de construcción del *Queen Mary 2,* no cesó ni un momento de trabajar para que en el viaje inaugural dicho buque tuviera como escala el puerto de La Luz.

Muchos fueron los viajes, a veces solo, otras acompañado de su hijo Pedro Juan, que realizó a la casa matriz de la

Cruceros de la naviera Fred Olsen. (Archivo Autoridad Portuaria de Las Palmas.)

El crucero *Oosterdam.* (Archivo Autoridad Portuaria de Las Palmas.)

Trasatlántico atracado en el puerto de La Luz. (Archivo Autoridad Portuaria de Las Palmas.)

Vestíbulo del edificio de Grupo Boluda Corporación Marítima en Las Palmas de Gran Canaria.

Cunard en Londres para *amarrar* lo que más tarde se convirtió en una realidad, al mismo tiempo que recorría incansablemente despacho tras despacho de todas las autoridades locales para convencerlas de que merecía la pena apostar por el proyecto.

Teniendo conocimiento de su labor y de los tremendos gastos que para llevarla a cabo le había supuesto, abusando de mi amistad de muchos años, le pregunté, mientras subíamos a bordo, acompañados de su encantadora esposa, doña Olga Janariz Castro: «Don Pedro, dígame la verdad, ¿cuánto le ha costado a su bolsillo que el *Queen Mary* esté hoy aquí entre nosotros?». Me miró, y con ese estilo de lord inglés que lo caracteriza, exclamó: «Amigo Julio, puede creerme si le digo que nada, si lo comparamos con la tremenda alegría que hoy siento al haber servido a mi puerto y a Gran Canaria». Nunca puse en duda sus palabras, pues en su cara se reflejaba la satisfacción del hombre ante el deber cumplido. Gracias, don Pedro. Así, de esta «madera» están hechos nuestros consignatarios, verdaderos alfas en el desarrollo del puerto, sin cuya labor callada y serena, llena de riesgos y tantas veces incomprendida, este puerto y esta ciudad no serían la realidad que son hoy.

Yo he sentido en propias carnes lo que es pertenecer a ese grupo de «elegidos», ocupando durante algún tiempo un lugar en la directiva de su asociación, cuando la presidía otra gran dama de nuestro puerto, doña Caridad Cuyás Jorge, descendiente directo de otro consignatario histórico de este puerto, don Salvador Cuyás Prat. A doña Caridad Cuyás le cabe el honor de haber sido la primera mujer española en presidir una tan noble institución como es la Asociación de Consignatarios. Trabajar junto a ella por el puerto fue una experiencia satisfactoria e inolvidable.

Durante todo este libro he pretendido ser imparcial y objetivo, pero llegado al punto de hablar de esta noble Asociación, mi pasión, admiración y respeto por el colectivo no me van a permitir que, siendo juez y parte, actúe con la necesaria objetividad. Para que no me arrastre la tentación, sólo me limitaré a desearle larga vida a la Asociación de Consignatarios y Estibadores de Buques de Las Palmas, porque nuestro puerto siempre necesitará de su buen y honrado trabajo por encima de cualquier otra consideración.

UNA CIUDAD MODERNA

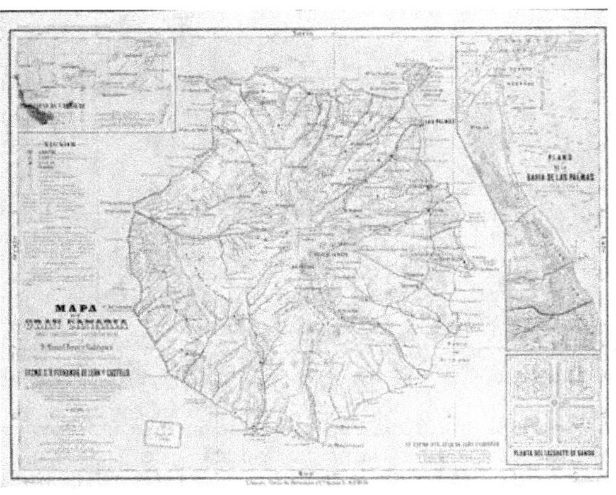

Esta imagen de la Fundición Industria Mecánica representó una expresión de progreso y modernidad en la primera década del siglo XX.
(Fotografía de Jordão da Luz Perestrello, entre 1905-1910; archivo Fedac.)

RETOMANDO la perspectiva de nuestra ciudad. ¿Qué ha sido en este último quinquenio de esa pequeña urbe de algo más de 40.000 almas de principios del siglo XX? Ya en la década de 1950 superaba con creces los 200.000 habitantes y fue precisamente a partir de esta década cuando comenzaron a edificarse de forma masiva establecimientos dedicados a la restauración y el ocio, muchos de los cuales vinieron acompañados de pensiones, hoteles y, algo más tarde, los po-pularizados con el nombre de apartamentos.

Las Canteras se fue consolidando como la playa por excelencia de la ciudad, pasando de ser un lugar de esparcimiento familiar al gran polo de atracción turística de la misma. Grandes hoteles como Don Juan, Reina Isabel, Cristina, Cantur, etc., hicieron las delicias de miles de foráneos, en su mayor parte nórdicos, germanos e ingleses, que los visitaban en las temporadas de otoño e invierno, disfrutando así del magnífico clima que ofrece nuestra ciudad en esas estaciones.

El puzle se fue completando con la creación del Estadio Insular, la iglesia de Nuestra Señora del Pino, el cine Bahía, el edificio José Antonio, más conocido como la *Casa del Coño,* en clara alusión a la sorpresiva observación que de ella hacían los lugareños al pasar y ver su espectacular altura; la Casa del Marino y las calles de Néstor de la Torre y Mesa y López. Luego vendrían los grandes almacenes, como El

Imagen nocturna del Ayuntamiento de Las Palmas de Gran Canaria en la primera mitad de la década de 1920. (Fotografía de Teodoro Maisch, entre 1925-1930; archivo Fedac.)

Página portadilla. Mapa de Gran Canaria editado en 1896 para cumplir funciones didácticas; obra de Manuel Pérez y Rodríguez y dedicado a Fernando de León y Castillo. (Biblioteca Nacional.)

Interior de una tienda de tejidos en la última década del siglo XIX. (Fotografía de Miguel Brito, entre 1890-1895; archivo Fedac.)

Corte Inglés o Galerías Preciados, que se trasladaría desde la calle León y Castillo, cerca de Triana.

Desde finales de la década de 1960, toda la costa capitalina sufrió una profunda transformación, pues gracias a las obras de la ingeniería moderna se pudo ganar al mar un buen número de miles de metros cuadrados. Es lo que hoy conocemos como la Ciudad Marítima, que con su avenida nacida junto al castillo de San Pedro Mártir, más conocido por San Cristóbal, hasta las inmediaciones del actual Club Náutico, resolvió uno de los más graves problemas de entonces: la falta de espacio constructivo y la inexistencia de una vía rápida de comunicación entre los distritos sur y norte, descongestionando así la ya excesivamente transitada calle de León y Castillo. Vimos desaparecer de este modo gran parte de los riscos y zonas arenosas de la fachada de esta urbe capitalina, reduciendo de forma notable la superficie de la popular playa de las Alcaravaneras con el nacimiento del muelle deportivo, que pronto sufriría varias ampliaciones merced a la demanda creciente de atraques para buques de recreo de distintos tamaños, categorías y nacionalidades.

Esta nueva avenida, orgullo de todos los grancanarios, pronto tendría que soportar el mayor intento de agresión de impacto visual que sufriría nuestra ciudad a lo largo de su historia. Se proyectó e incluso llegó a ejecutarse sobre la misma, ocupando el margen de la mediana que linda con el mar, un artilugio que llamaron «el tren vertebrado», porque precisamente sus vagones se desplazaban sobre unas vigas dispuestas horizontalmente que, a su vez, se apoyaban en sus extremos en una enormes columnas que se levantaban del suelo alrededor de cinco metros y que terminaban en su parte superior en forma de vértebra abierta al cielo.

Con ello se pretendía modernizar la ciudad con un tren eléctrico que años atrás se había probado y al parecer con éxito en Japón, y que pretendía unir la capital con el sur de la isla. Lástima que los proyectistas no llegaron a comprender que lo que era bueno en tierras niponas quizá no lo fuera por estas latitudes.

Independientemente de que los estudios previos de viabilidad económica hablaban de un tremendo despropósito inversor, debido a la escasa rentabilidad futura del proyecto, pues sólo sería viable con fuertes inyecciones vía subvenciones estatales tan en boga en aquella época, no se justificaba su ejecución.

El mayor problema era que las columnas de sujeción tenían que estar tan próximas la una de la otra que prácticamente ejercían de pantalla visual sobre un precioso balcón que se asomaba al mar, lo que impediría que los ciudadanos de Las Palmas pudieran disfrutar en lo sucesivo de uno de los mejores paseos de los que pueda presumir una ciudad como la nuestra, orgullo de todos los grancanarios.

Resulta significativo, teniendo en cuenta los años en que ocurrieron los hechos, inmersos en un sistema político donde los proyectos que venían de arriba ni se discutían ni se cuestionaban, cómo fue tenida en cuenta la opinión pública que mayoritariamente se oponía a la obra, consiguiendo paralizarla en un principio y obligando a retirar más tarde el faraónico y absurdo proyecto.

Como simpática curiosidad me viene a la memoria la esquela mortuoria que un humorista publicó en uno de

El hotel Metropole en una imagen de la última década del siglo XIX. (Fotografía de Charles E. Medrigton, entre 1895-1900; archivo Fedac.)

Imagen del hotel Rayo, en la calle Ripoche junto al parque de Santa Catalina, en la primera década del siglo XX. (Archivo Fedac.)

El hotel Parque en una imagen de la segunda mitad de la década de 1950. (Archivo Fedac.)

Imagen del hotel Quineys en la calle San Bernardo, esquina con Viera y Clavijo, en el barrio de Triana, en la primera década del siglo XX. El edificio sigue actualmente en pie. (Archivo Fedac.)

En la imagen, interior de la cafetería-bazar del hotel Continental. (Fotografía de Curt Herrmann, año 1917; archivo Fedac.)

los periódicos locales y que rezaba más o menos así: «Descanse en paz la joven avenida Marítima de Las Palmas de Gran Canaria que murió a vertebrazo limpio de manos de unos desalmados urbanistas [...]».

Aquella lucha de tantos y tantos ciudadanos, auténticos patriotas, hizo posible que las generaciones venideras podamos hoy disfrutar de esa joya urbanística de nuestra ciudad que es la referida avenida Marítima.

Mientras todo esto tenía lugar, la llamada Ciudad Alta se iba desarrollando a pasos agigantados. Quedaban atrás los difíciles años de la posguerra, cuando el llamado Mando Económico proyectó los primeros barrios de la zona: primero surgió Schamann, con pequeñas casas unifamiliares, y algo después los bloques de viviendas del Patronato Francisco Franco, la iglesia Parroquial de los Dolores y la plaza de don Benito vinieron a configurar un espacio urbano con unos índices poblacionales muy superiores a la media capitalina.

Si anteriormente se había optado por denominar a las calles de Ciudad Jardín con nombres de músicos y escritores, decisión loable del por entonces concejal republicano Julián Torón Navarro, aunque parezca mentira, después las autoridades dieron carta de crédito a personajes y obras galdosianas, aunque don Benito permanezca en la lista negra del obispado canario por haber sido declarado anticlerical.

Después de Schamann aparecieron Escaleritas, Altavista, las Rehoyas y un largo etcétera, como las más recientes edificaciones de las zonas conocidas como la Paterna, el barranco de la Ballena y la Feria del Atlántico. En estos últimos tiempos, la ciudad henchida de fuerza económica y presión social ha tenido que habilitar nuevos espacios en su cono sur, como la antigua Vega de San José, San Cristóbal, el Laso, Cuatro Palmas, Salto del Negro. También, después de haber tomado para sí las tierras municipales de San Lorenzo, Tamaraceite y Tenoya, se crearon nuevos distritos en Siete Palmas, San Lázaro, las Torres, además de habilitar nuevas parcelas urbanas en la zona de las Canteras-Playa Chica-las Arenas-el Rincón.

Esta macrociudad que no ha parado de crecer en los últimos quinientos años de existencia, ha llegado a ocupar antiguas tierras de labor en Tafira-Monte Lentiscal, así como lugares originariamente libres de edificación, como el cauce medio del Barranco de Guiniguada-la Angostura, la Minilla y sus alrededores.

A lo largo de los últimos años se ha ido completando el plano urbano y vial de esta ciudad con obras de tan acertada terminación como la amplia circunvalación, que no sólo conecta los diferentes barrios limítrofes sino que, además, a todos ellos con los distritos centrales.

Hace sólo unos meses se presentaron las diferentes ideas para el proyecto definitivo de la Gran Marina, obra que por su magnitud y relevancia abrirá aún más la ciudad al Atlántico y nos acercará más a nuestro querido puerto.

Las Palmas de Gran Canaria, puerto y ciudad marítima, es nexo de unión de tres grandes continentes: Europa, América y África. Además de seguir siendo la sede de los más altos organismos oficiales de la comunidad autónoma, lo es asimismo de la delegación del Gobierno Central, del obispado de Canarias, de la Casa de África, del Almirantazgo, de la Jefatura Regional del Ejército del Aire y de la Universidad de Las Palmas de Gran Canaria.

Su actividad cultural es tan extensa que ocuparíamos demasiado espacio si quisiéramos referirnos a ella. Valga, no obstante, la nómina de sus principales museos: Museo Elder de la Ciencia, Museo Néstor, Casa Museo Pérez Galdós, Casa

Casa señorial en el barrio de Vegueta

Plaza de Cairasco con el convento de San Francisco al fondo.

Interior de la cafetería del teatro Cuyás. (Archivo Fedac.)

Imagen del desaparecido tren vertebrado en la avenida Marítima de Las Palmas de Gran Canaria, en la década de 1960.

La gastronomía tradicional es uno de los valores más apreciados por los isleños y los visitantes de Gran Canaria. En la imagen, un plato con carne de cabra y papas arrugás. Exquisito.

de Colón, Museo Canario, Museo Diocesano de Arte Sacro y Centro Atlántico de Arte Moderno. También posee cuatro grandes espacios teatrales: Teatro Guiniguada, CICCA, Teatro Pérez Galdós y Teatro Cuyás, además de un amplísimo y bien equipado auditorio y más de cincuenta salas de proyección cinematográfica y otras tantas de exposiciones, entre las que destacamos La Regenta y la Fundación Mapfre Guanarteme. Otros centros culturales de interés son el Archivo Histórico Provincial, el Archivo Diocesano, la Biblioteca Insular, la Biblioteca Pública del Estado, el Gabinete Literario, el Círculo Mercantil, la Fundación Juan Negrín, la Real Sociedad Económica de Amigos del País de Gran Canaria, la Fundación Filarmónica o los Amigos Canarios de la Ópera, entre muchas otras.

En definitiva, estamos hablando de una gran ciudad cosmopolita, con presencia de gentes procedentes de los lugares más dispares del mundo: Japón, Corea, China, Filipinas, India, Israel, Egipto, Marruecos, Mauritania, Senegal, Guinea Ecuatorial, de casi todos los países europeos y de toda América Latina.

Las Palmas de Gran Canaria, ciudad abierta y vanguardista, disfruta de un alto grado de concordia y solidaridad, donde nadie se puede sentir extraño, uniendo a sus gustos una espléndida y atrayente cocina internacional, junto a un extraordinario diálogo interracial.

Esta ciudad de la que tan orgullosos nos sentimos los gran-

Vista de la playa de las Alcaravaneras a mediados de la década 1960, antes de la construcción de la avenida Marítima y el muelle Deportivo. (Archivo Fedac.)

canarios posee su joya más preciada en el llamado puerto de La Luz que la vio crecer, el mismo al que le cantara nuestro poeta del Atlántico, Tomás Morales...

«Puerto de Gran Canaria sobre el sonoro Atlántico,
con sus faroles rojos en la noche calina,
y el disco de la luna bajo el azul romántico
rielando en la movible serenidad marina...

Silencio de los muelles en la paz bochornosa,
lento compás de remos en el confín perdido,
y el leve chapoteo del agua verdinosa
lamiendo los sillares del malecón dormido...

Finge, en la penumbra, fosforitos trenzados
las mortecinas luces de los barcos anclados,
brillando entre las ondas muertas de la bahía;

y de pronto, rasgando la calma, sosegado,
un cantar marinero, monótono y cansado,
vierte en la noche el dejo de su melancolía...»

Resulta ser una carga maravillosa cuidar de esta magnífica joya, para mayor gloria de toda Gran Canaria y grandeza de nuestra querida madre patria España.

Los que hoy trabajamos en y para el puerto tenemos que considerarnos auténticos afortunados de poder hacer-

La plaza del Pilar Nuevo en la actualidad, con un can representativo de la isla de Gran Canaria.

Vista aérea del puerto de
La Luz con la Isleta al fondo
de la imagen, en 2006.

lo. El destino así lo ha querido y, en consecuencia, nuestro
norte no puede ser otro que entregar a las generaciones
venideras este legado aumentado y enriquecido, para que ellas
puedan continuar con la misma ilusión que nos ha llevado
satisfactoriamente a colocar en los primeros lugares del
mundo el nombre de La Luz.

Cabe recordar aquí aquel patriótico discurso, que pronunciara en 1927 el diputado por Gran Canaria don Luis
Morote:

«¡Salve, puerto de La Luz! Su grandeza es grandeza del
archipiélago y también de España, que no se concibe el
de una de las partes de la nación sin que redunde en gloria
y honor de todo lo que es la patria».

¡Salve, puerto de La Luz!

REFERENCIAS DOCUMENTALES

Bibliografía

ACOSTA BARROS, LUIS M.; Fernando León y Castillo; Editorial Benchauce, Las Palmas de Gran Canaria, 1995.

BARRERA GÓMEZ, JUAN; Las Palmas de Gran Canaria artística e industrial, Sevilla 1927-1928.

DÍAZ LORENZO, JUAN CARLOS; Antonio Armas. La tradición de un naviero; Naviera Armas, 1995.

–; Los Trasatlánticos de la Emigración, 1947-1874; Santa. Cruz de Tenerife, 1992.

–; Naviera Pinillos 150 años de Historia Marinera 1840-1990; Santa Cruz de Tenerife, 1990.

GONZÁLEZ PADRÓN, ANTONIO; Carlos III y las Islas Canarias: 1759-1788; Real Sociedad Económica de Amigos del País de Las Palmas de Gran Canaria.

HERNÁNDEZ GUTIÉRREZ, A. SEBASTIÁN; El entierro de Fernando de León y Castillo; Anroart Ediciones, 2005.

JIMÉNEZ FERRERA, JOSÉ FRANCISCO; Historia del Puerto de la Luz y de Las Palmas; Gráficas Marcelo, SA, 1988.

JORDE; El Puerto de la Luz y los Hermanos León y Castillo; Las Palmas de Gran Canaria, 1952.

LAFORET JUAN, JOSÉ; Crónica Isleña, Caja Rural de Canarias, Las Palmas de Gran Canaria, 2002.

MANUEL RAMÍREZ MUÑOZ y ENCARNA GALVÁN GONZÁLEZ; El Tirma: Historia de un balandro, Madrid, 2002.

O'SHANAHAN, ALFONSO; La Luz, puerta de Canarias; Ediciones Idea, 1997.

RODRÍGUEZ DÍAZ DE QUINTANA, MIGUEL; Miller y Compañía: cien años de historia; 1989.

RUMEO DE ARMAS, ANTONIO; Piratería y ataques navales contra las Islas Canarias, CSIC, Instituto Jerónimo Zurita, Madrid, 1947.

Archivos

Archivo Casa Museo León y Castillo (Telde).

Archivo Histórico Provincial de Las Palmas de Gran Canaria.

Archivo particular del Cronista Oficial de Telde.

Archivo fotográfico de la Fedac.

Archivo fotográfico de Alejandro Santana.

Archivo fotográfico de Ángel Manuel Gómez Pinchetti.

Archivo fotográfico de la Autoridad Portuaria de Las Palmas.

Fuentes orales

BORDES MARTÍN, ARMANDO (difunto). Conversaciones mantenidas durante el período 2003-2204.

DÍAZ CASANOVA, NARCISO. Conversaciones mantenidas durante 2003-2005.

GARCÍA DE LA TORRE, MANUEL. Conversaciones mantenidas durante 2003-2005.

García López, Julio. Conversaciones mantenidas durante 2003-2205.

González Pérez, Luis (difunto). Conversaciones mantenidas durante 1987-1988.

Lallemand Delgado, Luis. Conversaciones mantenidas durante 2005.

Ramírez Muñoz, Manuel. Conversaciones mantenidas durante 2005.

Ruiz Fernandéz-Reyes, Juan. Conversaciones mantenidas durante 2004-2006.

Sanso Fernández, Javier. Conversaciones mantenidas durante 2004-2005.

Suárez Saavedra, Pedro. Conversaciones mantenidas durante 2001-2004.

EL AUTOR

Julio González Padrón nació en Telde (Gran Canaria) en 1952.

Comenzó su vida profesional como oficial de la marina mercante en la compañía londinense Cacique Navigation, en cuyos buques dedicados a líneas *tramp* recorrió gran parte de los principales puertos del mundo.

De regreso a España se incorporó a Naviera Pinillos, SA, donde después de unos pocos años navegando en sus buques fue destinado a tierra, al departamento comercial de Las Palmas de Gran Canaria, donde hoy ocupa el puesto de delegado.

Es autor de numerosos artículos publicados en periódicos locales y revistas especializadas, donde los temas relacionados con el mar y sus puertos se entremezclan con otros de tipo económico y cultural, una de sus pasiones.

En ésta su primera obra, *Las Palmas de Gran Canaria. Nuestro puerto y nuestra ciudad,* pretende de forma amena y sencilla, pero rigurosa con la historia, plasmar y mostrar la simbiosis que existe entre la ciudad de Las Palmas de Gran Canaria, el puerto y sus gentes, con las que se siente íntimamente identificado.

AGRADECIMIENTOS

Vicente Boluda Fos, presidente de Grupo Boluda.

Cabildo Insular de Gran Canaria.

Luis Delgado Lallemand, catedrático de la Universidad de LPG.

Narciso Díaz Casanova, empleado de Grupo Boluda.

Fundación para la Etnografía y el Desarrollo de la Artesanía Canaria (Fedac).

Manuel García de la Torre, director de Líneas Armas.

Antonio González Padrón, Casa Museo de León y Castillo.

Diario *La Provincia.*

José Ramón Martín, Fundación Puerto de Las Palmas.

Juan Pérez Pérez, gerente de OPCSA.

Juan Ruiz Fernández-Reyes, director de Remolcadores y Barcazas de Las Palmas.

Alejandro Santana Martín, presidente del Colegio Oficial de Aduanas de Las Palmas.